GREENE-MERCIER

with every
good wish and
happy memories.

Marie Zoe Greene-Mercier

December 18, 1996.

Couverture:
de gauche à droite

1. 1971. Greene-Mercier interviewée par l'équipe de télévision
de Michel Chapuis de «Monde des Arts», Port-Barcarès.

2. 1957. XIème Foire d'Art de la 57ème rue,
Chicago.

3. 1974. Avec sa sculpture de 4 m. 50 devant le Landratsamt,
Hombourg/Saar, Symposium de Sculpture.

Frank Elgar

Greene-Mercier

le musée de poche

4. 1971. **FORME ARBORÉALE**
fer peint, h. 5 m.
Le Musée des Sables Port-Barcarès, P.-O.

GREENE-MERCIER

I

Connaître les origines de Marie-Zoé Greene-Mercier est indispensable à qui désire tenter une approche suffisante de sa personnalité et de son œuvre. Née de parents français dans le Wisconsin, ayant vécu aux États-Unis de façon à peu près continue jusqu'en 1961, se partageant dès lors entre son pays natal et l'Europe, elle tient de l'Amérique où tout bouge, tout change, tout avance dans un tourbillon d'idées nouvelles et d'exaltantes libertés, la hardiesse et la variété de ses conceptions, cependant qu'elle maintient par atavisme ses plus fortes curiosités dans les limites de la raison. En elle, l'esprit français est aussi vivace que le goût américain de l'aventure. Il ne s'agit pas plus d'un sculpteur américain qui aurait subi l'influence de la France, que d'un sculpteur de race française qui aurait assimilé les défis de l'Amérique. Il y a en Marie-Zoé Greene-Mercier un dualisme qui lui fait donner l'accent tantôt sur l'une de ses tendances héritées, tantôt sur l'une de ses tendances acquises. Mais il lui arrive aussi de les concilier toutes deux dans un œuvre accomplie. Tout compte fait, pour reprendre un mot de Paul Valéry, sa nature d'artiste s'enrichit de ses propres différences.

Journaliste, professeur de français, conférencière, historien d'art, comme nombre d'écrivains et de peintres américains, elle a exercé plusieurs métiers avant de se consacrer entièrement à la sculpture. Elle devait étudier le dessin et la peinture avant d'être l'élève de Moholy-Nagy et d'Archipenko au New Bauhaus de Chicago en 1937-1938 et de travailler plus tard en collègue aux côtés de Jacques Lipchitz à la Modern Art Foundry de Long Island City. Ce sont ces exilés de l'Allemagne hitlérienne qui l'ont aidée, par leur exemple, à la poursuite de sa vocation, qui lui ont révélé un art de la forme résolument moderne. Elle allait y employer ses dons sans perdre du temps dans la pratique d'un enseignement encore soumis aux canons de l'antiquité classique dont Rodin et Maillol avaient été, avec génie, les derniers représentants.

Quand Greene-Mercier commence sa carrière, ces initiateurs de la sculpture contemporaine affirmaient leur volonté de découvrir de nouvelles valeurs esthétiques et, pour les imposer, de les traduire par des formes et des techniques nouvelles. Leur effort reposait essentiellement sur la spéculation cubiste, en accord avoué ou tacite avec d'autres novateurs, tels que Naum Gabo et son frère Pevsner, Laurens, Csaky, Brancusi et, bien entendu, Picasso, dont les courageuses initiatives devaient ouvrir la voie à la grande aventure de l'art abstrait. Greene-Mercier a eu la chance d'assister, avant de la vivre, à la transformation radicale de la plastique qui allait établir les fondements d'un style universel. On s'émerveille que l'art séculaire d'imitation ait pu être, en quelques années, réfuté et aboli par une génération de révolutionnaires déterminés. Sans se perdre en vaines théories, uniquement poussés par leur instinct, ils ont proposé une conception de l'espace s'opposant, dans ses principes et ses moyens, à celle qui avait si longtemps prévalu. Déjà, au Ve siècle avant notre ère, la mimésis était au centre des préoccupations des Grecs. Le statuaire Pythagoras s'acharnait minutieusement à indiquer sur le marbre le tracé des muscles et des veines. A l'âge de la Renaissance, Vasari se référait au même système figuratif lorsqu'il rendait hommage aux artistes contemporains qui avaient atteint, dans la représentation de la nature, au sommet de la perfection. Il n'y a qu'une nuance entre Phidias ou Polyclète et Canova ou même Carpeaux, bien qu'il se soit écoulé plus de deux mille ans entre l'apogée de la culture héllénique et le dernier épiphénomène de la Renaissance, et que cinq lustres à peine séparent de Carpeaux les précurseurs de la sculpture actuelle.

Arthur Koestler écrivait dans un de ses derniers livres, *Face au néant* [1], que la croissance cumulative de l'art concerne seulement l'habileté fabricatrice et qu'on ne peut parler de «progrès» que si l'on considère la perfection technique comme un critère pour juger une œuvre d'art. C'est oublier la révolution esthétique du XXe siècle qui a remis violemment en cause non seulement les moyens, mais encore le principe même de l'art en général, et de la sculpture en particulier. Il n'est plus question aujourd'hui de donner au spectateur l'illusion plus ou moins convaincante de la réalité contingente et relative du monde extérieur, mais de substituer à celle-ci la réalité vraie, la réalité absolue, la réalité en soi. Telle est aussi l'attitude mentale de Greene-Mercier. Pour elle, la sculpture, selon une pertinente définition d'Henri Focillon, mesure et qualifie l'espace en vertu du développement d'une logique interne, d'une dialectique qui vaut par rapport à elle-même. [2] Elle pense que sculpter est un acte de création et non d'imitation. Cela ne la prive nullement de recourir à une règle, à une discipline, mais c'est une règle vivante, une discipline qu'elle s'impose à elle-même, non d'une discipline arbitraire imposée de l'extérieur.

5. 1972. Composition de **CUBES EN HUIT UNITÉS**
contre-plaqué peint, h. 2 m. ▶
Col. Grinnell College, Grinnell, Iowa

Bien entendu, Greene-Mercier ne pouvait se montrer indifférente aux acquisitions de la technique ni aux matières nouvelles. Pendant des millénaires, la terre cuite, la pierre, le bois, le cuivre, le bronze, le marbre chez les Grecs, la fritte émaillée chez les Babyloniens et les Achéménides, ont été utilisés par les sculpteurs. C'est à une époque relalativement récente que ceux-ci ont eu à leur disposition d'autres matériaux. Julio Gonzalez a tiré du fer, longtemps méprisé, l'originalité de son œuvre. Moholy-Nagy fut un virtuose du métal et du verre. Outre le verre, Gabo a employé les fils d'acier, le celluloïd, la résine synthétique. Leurs successeurs n'hésitent pas à recourir au nylon, au polyester, aux plexiglas, aux déchets de ferraille, même à l'étoffe et au carton. Il leur arrive fréquemment de peindre le bronze, la tôle, le bois, le fer. En 1950 et 1974, Greene-Mercier a exécuté des reliefs faits de plâtre, de ficelle, de tissu (14, 15). En 1967 et 1976, elle a employé l'albâtre, l'acier inoxydable (29), la laque (39). Pour ses œuvres monumentales, elle a su tirer parti du bronze (7), de l'acier inoxydable (29), du contreplaqué peint (5, 6). On lui doit encore des pièces uniques modelées en cire (27), des assemblages tels que la série des *Conteneurs* (8), celle des *Pérugina* (9), des *Cubes* (11) et des *Cônes multiples* (10) ainsi que des collages de papier, de corde, de tissu sur verre (12, 13, 50) ou sur toile (14, 15).

Elle devait passer maître dans le travail du métal, poussant son scrupule d'artisan jusqu'à fréquenter, en 1958, l'une des écoles de technique métallurgique de Chicago, dont elle sortira avec un certificat de soudure industrielle. Les circonstances l'ont amenée à exécuter des portraits en bronze, notamment de la tragédienne Judith Anderson, du juriste Luis Kutner, du chef-d'orchestre Rudolph Ganz, se reposant ainsi de ses contraignantes recherches dans le domaine de l'abstraction par une nouvelle approche du réel. Cette expérience lui a permis de voir quels seraient les résultats d'un pareil amalgame du naturalisme et de l'imaginaire. Car en faisant ces portraits et, plus tard, en créant de petites sculptures soudées en métaux variés dont les allusions réalistes sont évidentes, son intention n'a jamais été de s'attacher à la réalité en tant que telle, en tant que fin en soi.

II

J'ai parlé de sa double appartenance à la culture française et à la civilisation américaine. Toutefois gardons-nous de croire que certaines de ses œuvres se ressentent clairement de son ascendance européenne, tandis que les autres se rattacheraient à des inspirations issues du grand pays où elle est née, où elle s'est mariée et où elle a eu ses enfants. Aussi bien, le temps n'est plus où chacune des sociétés dominantes avait une appréhension particulière et privilégiée de la forme. Le développement moderne d'une civilisation technique et scientifique sur tous les continents devait aboutir fatalement à une universalisation de la plastique. Pierre Francastel écrivait déjà en 1954 :

«Cette nouvelle *koiné* des formes figuratives et techniques de la civilisation annonce-t-elle un nouvel âge de diffusion assimilatrice des formules modernes, comme on le vit déjà à l'époque héllénique et romaine, en vue d'un futur renouveau à intervenir le jour où un certain niveau de conscience aura été atteint dans l'ensemble des terres habitées ? Ou bien, au contraire, le fait que la puissance matérielle créée par l'Occident soit passée entre les mains de sociétés jusqu'ici immobiles présage-t-il une destruction préalable des valeurs mises entre les mains des apprentis sorciers ? Chacun prophétisera à sa guise.»

«Jamais depuis le déluge,» ajoutait Francastel, «c'est-à-dire depuis l'avance marquée des civilisations méditerranéennes, le monde n'a connu une pareille uniformité dans ses modes de pensée et d'action, ni, par suite, dans ses procédés figuratifs de représentation du monde extérieur.»[3]

Néanmoins, s'il existe une implantation généralisée des formules plastiques, une courbe indéterminée d'évolution qui a abouti à un effacement des originalités ethniques ou nationales, ce sont des manifestations individuelles qui marquent les phases de la fonction créatrice, comme, du reste, les autres fonctions supérieures de l'homme. Si l'art de Greene-Mercier n'est pas plus un produit de l'Europe que de l'Amérique, s'il est accessible à toutes les sensibilités, il reflète cependant une prise de conscience personnelle, individuelle, plus ou moins lucide, plus ou moins intuitive, des capacités spéculatives et des capacités techniques de son temps. D'un temps qui n'en est plus, Dieu merci ! à priser l'anecdote, le sujet, l'argument historique ou littéraire, au détriment de l'évaluation directe des valeurs esthétiques.

Toujours en besoin et en peine de création, disposant d'une rare puissance expressive, Greene-Mercier a exécuté des ouvrages extraordinairement variés, bien que conçus avec une égale rigueur. Il semble qu'elle accueille tous les souffles, qu'elle entende tous les appels qui traversent l'époque, pour les transformer en floraisons luxuriantes, tantôt d'objets concrets, jouant avec les pleins et les vides, les droites et les courbes, la neutralité du matériau et la polychromie, la masse monolithique et la profusion des éléments, rendant les saillies par des creux et les creux par des saillies, faisant alterner la plus sévère géométrie avec les plus libres circonvolutions du métal. Tout est maintenant permis, tout est possible à l'artiste. Les canons traditionnels de la sculpture — le poids, le volume, le modelé, la qualité tactile —

13

6. 1974. QUATRE UNITÉS POUR COMPLEXE URBAIN
contre-plaqué peint, h. 4 m. 50.

ont volé en éclats. Les anciennes conventions ont été dépossédées de leurs valeurs. Archipenko a subsitué à la plénitude des reliefs des scansions d'éléments concaves et convexes. Lipchitz a réussi à remplacer la densité par l'arabesque. Gabo et Pevsner ont introduit dans la sculpture les surfaces développables, les unifiant par la lumière et par l'ombre. Dans ses armatures de bois ou de fer, ses montages, ses pierres polychromées, Henri Laurens a fait tourner la masse, pour lui souveraine, dans l'espace. Henry Moore a considéré le vide comme une force, forme et espace étant pour lui une seule et même chose. C'est en figurant les volumes par leurs seuls contours et en faisant flotter dans l'air ses combinaisons ingénieuses de lignes et de surfaces métalliques que Calder a conféré à l'espace un dynamisme imprévu. Quant à Picasso sculpteur, il a tout tenté, tout pressenti.

Marie-Zoé Greene-Mercier pourrait invoquer de tels exemples pour justifier, s'il en était besoin, ses tentatives les plus hardies. Elle vit au milieu d'une effervescence d'idées et d'un foisonnement d'expériences qui ont ouvert à l'art qui est le sien des possibilités infinies. Des notions comme celles du vide, des structures transparentes, des formes arborescentes ou, à l'opposé, les procédés de compression et d'accumulation, la coexistence de formes mobiles, instables, changeantes, avec des formes pesantes, stables, massives, les unes et les autres imitant ou parodiant la machine, sont absolument neuves. Ces notions, ces procédés, qu'on n'aurait pu imaginer il y a un siècle, ont renversé complètement l'idée que nos pères se faisaient de la sculpture.

Que celle-ci soit anthropomorphique ou non, qu'elle soit bloc ou mouvement, qu'elle articule ses plans vers le haut ou qu'elle les ramasse au niveau du sol, elle se fonde, la sculpture moderne, sur de nouvelles relations des formes avec l'espace : elles peuvent le modifier, se l'approprier, s'identifier à lui au gré de l'artiste. Ne pas être l'esclave

7. 1972. **FORME ARBORÉALE**
bronze et bronze peint, h. 4 m. 50.

du volume plein et opaque, faire du vide une réalité, préférer aux matériaux réputés nobles des matériaux simples, bruts, usagés, telles sont les principales caractéristiques de la plastique contemporaine. Greene-Mercier ne s'interdit pas de les reprendre à son compte, quand elle en éprouve la nécessité. Soucieuse d'échapper aux servitudes, elle a recours aussi bien aux prestiges du vide qu'à la forme dense, fermée, concentrée. Elle peut utiliser le métal sans renoncer pour autant à la pierre ou au bois. Mais elle ne perd jamais de vue ce qui est son grand dessein : concilier le métier et le style, accorder le monde des formes nouvelles aux exigences permanentes de l'esprit.

III

Bien que le sens qu'elle entend donner à son œuvre commande le choix du matériau, elle a une prédilection marquée pour le bronze, le fer, l'acier. Regardez-la (40) au travail dans son atelier, qui relève de la forge de campagne, portant des lunettes de mécanicien, car, aux outils traditionnels, le marteau et le ciseau, sont venus s'ajouter le chalumeau, l'arc électrique. C'est que le sculpteur moderne use, et parfois abuse, d'opérations qui eussent horrifié ses prédécesseurs : la fusion, et quand le lyrisme l'exalte, c'est la plaque de métal furieusement découpée, froissée, tordue, tranchée, cisaillée, déchiquetée par ses mains fiévreuses. Il importe de le souligner, jamais Greene-Mercier ne perd le contrôle de ses facultés, jamais elle ne s'abandonne au désordre, au hasard, au dévergondage de l'imagination. Elle est trop respectueuse de son art pour ne pas discipliner ses impulsions, surveiller les phases de son travail, pour violenter inconsidérément l'intégrité du matériau. Toujours ce besoin exigeant de concilier le métier et le style.

Autour d'elle, les uns dissocient, lacèrent, disloquent, détruisent la forme, à moins qu'ils ne la changent en mécanique traversée de soubresauts. D'autres, au contraire, s'efforcent de la construire avec des éléments géométriques d'une froideur et d'une inertie décourageantes. D'autres encore assemblent des pièces hétéroclites de provenances suspectes, sans le moindre souci des proportions et de l'équilibre, quand ils ne se contentent pas de s'emparer simplement du premier objet tombant sous leur main et de le sacrer pompeusement : «œuvre d'art.» Dans un cas comme dans les autres, le dialogue est rompu entre la réalité et l'esprit, entre le visible et l'invisible, ce dialogue que Greene-Mercier, pour sa part, entend sauvegarder et maintenir, quels que soient les partis qu'elle prend et les risques qu'elle court, et cela en engageant le meilleur de ses forces. C'est pourquoi nous entrons tout de suite en communion avec ses œuvres, fussent les plus déconcertantes, car nous savons qu'elles sont élaborées selon leur exactitude distincte et transposées dans un ordre quasi biologique afin d'éveiller en chacun de nous un fort sentiment de la vie. Elles émeuvent, étonnent, plaisent. Tout en leur fabrication a été voulu, prévu, calculé. «Si de tous les arts on retranchait, je suppose, celui de nombrer, celui de mesurer et celui de peser,» disait Socrate, «ce qui de chacun d'eux subsisterait alors n'aurait, pour bien dire, pas grande valeur.» Toutefois pour que l'œuvre parvienne à son nécessaire épanouissement, une conscience claire et une volonté déterminée ne suffiraient pas. Signes d'un langage muet, notes d'une musique silencieuse, les formes conçues par Greene-Mercier apparaîtraient dépersonnalisées, produits d'une vaine abstraction, d'une froide et stérile spéculation mentale, si sa vive sensibilité n'entrait à son tour en jeu. Dans ses droites et ses courbes, ses surfaces planes ou ses surfaces gauches, ses volumes ou ce qui en donne l'illusion, ses contrastes d'ombres et de lumières, il nous faut voir, non pas un essai de démonstration, mais un désir de communication.

Dans les années 1930, c'est de l'Europe que la sculpture américaine a reçu ses premières impulsions. Le Parisien Gaston Lachaise et le Russe Archipenko devaient contribuer à l'essor d'un mouvement anti-académique, illustré particulièrement par Alexandre Calder. Mais l'art de Calder venait du cubisme de Picasso et de Gonzalez, comme celui de Man Ray dérivait du dadaïsme, importé à New York par Marcel Duchamp. C'est néanmoins dans la décennie 1940-1950 qu'apparaîtra, de façon convaincante, le renouveau de la sculpture américaine. Il est dû surtout aux idées apportées par l'immigration d'artistes chassés par l'hitlérisme : Moholy-Nagy, un rescapé du Bauhaus, les constructivistes Gabo et Pevsner, le cubiste Lipchitz. Voilà la source artistique d'où allaient sortir David Smith, tempérament puissant et hardi qui avait déjà utilisé, en 1933, le fer soudé, l'autodidacte Lippold, Lassaw, Ferber. Tous préconisaient l'usage du métal et la forme ouverte. Ils ont donné naissance à un style expressionniste et abstrait typiquement américain, cependant qu'un Roszak, un Kiesler, une Mary Callery, étaient plutôt influencés par le surréalisme, représenté alors aux U.S.A. par Max Ernst.

Dans les années 1960, l'opposition vigoureuse d'un groupe de peintres aux excès de l'abstraction lyrique allait prendre une expansion fulgurante et s'étendre à la sculpture sous l'enseigne du pop' art. Il s'agissait pour eux de revenir à la nature, plus précisément à la nature urbaine, industrielle, publicitaire. D'ailleurs les assemblages de fragments naturalistes ou d'objets de rebut par les peintres du pop' art, porté sur les fonts baptismaux par Marcel Duchamp, si bien que le pop' art devait être appelé aussi néo-dadaïsme, semblaient être de la sculpture plutôt que de la peinture, mais une sculpture standardisée et singulièrement efficiente.

8. 1965. Série **CONTENEURS**, Assemblage I
bronze, h. 1 m. 30
Col. Marvin Stone, Chicago.

19

Les imitations d'aliments en matières plastique d'Oldenburg, les moulages de personnages réels de Segal, sont véritablement des ouvrages tridimensionnels, une sculpture réduite à de grossières reproductions de choses parfaitement reconnaissables. Dans le même temps où éclataient les frontières entre peinture et sculpture, celle-ci était marquée par le «minimalisme» de Donald Judd, Larry Bell, Tony Smith, Sol Lewit, qui militaient en faveur de formes géométriques élémentaires, sinon sommaires, simplifiées à l'extrême, le plus souvent en matières plastiques recouvertes de couleurs primaires.

Face à ces tendances divergentes, quelle est la position de Greene-Mercier ? Elle les a vues naître, puis s'affirmer, mais ne s'est liée à aucune. Dans sa passion intransigeante de la forme, elle ne saurait se livrer à des expériences où n'interviennent ni l'intellect, ni le sentiment. Quand elle édifie une œuvre monumentale composée de cubes en fer peint, la sobriété, la concentration, la pensée synthétique, qui en sont les si précieuses propriétés, interdisent qu'on l'identifie aux schémas impersonnels du «minimal art». Juxtapose-t-elle mille cônes en bronze, elle ne s'inspire nullement des accumulations d'Arman. Au lieu d'assembler comme celui-ci des déchets industriels, elle construit avec de petites formes géométriques une grande forme géométrique. Ce faisant, elle ne quitte pas le domaine de l'abstraction, alors qu'Arman se comporte en artiste réaliste.

N'épousons pas le penchant des pédagogues à tout classer, cataloguer, repertorier, qui sévit en cette fin de siècle. Une œuvre originale comme celle de Greene-Mercier entre-t-elle dans une catégorie esthétique ? Il est impossible de répondre, le propre de l'originalité étant de ne se point situer. Classique, baroque, lyrique, abstraite, elle n'est rien de cela, et elle est tout cela à la fois. En tout cas, elle nous ramène dans le monde du multiple et de la diversité, le plus

9. 1968. Série **PÉRUGINA**, Assemblage **TAVOLETTE**
bronze, h. 2 m.

approprié à ses joies et à ses inquiétudes. Rares sont les œuvres qui montrent autant que la sienne les infinies ressources du savoir artisanal, joint à une intuition aiguë de la vérité humaine. Et puis, il y a les qualités qui sont inhérentes à notre artiste : l'intelligence, l'imagination, la probité et une indomptable ténacité.

C'est peu dire qu'elle n'est l'esclave d'aucune formule. Sent-elle le danger de la répétition, on la voit reprendre aussitôt sa marche en avant vers une nouvelle aventure. Son art eût souffert de s'en tenir à une conception donnée. Toujours en dépense d'initiatives, toujours en quête de dépassement, elle témoigne à tout moment d'une ambition nouvelle pour quelque nouvelle limite à franchir, quelque nouvelle terre à défricher. Elle ne s'estimera satisfaite que lorsqu'elle aura percé le secret d'un matériau encore peu exploité et ramassé dans une seule forme toutes les sollicitations de la vie, comblant ainsi le besoin dévorant de totalité qu'elle porte en soi pour son bonheur et son tourment.

V

Force est bien de le reconnaître, la sculpture aux États-Unis est moins riche que la peinture, même quand celle-ci lui prête quelques-unes de ses plus évidentes valeurs. Alors que les peintres américains voyaient leur autorité s'étendre jusqu'à l'Europe, et même beaucoup plus loin, les sculpteurs n'y ont guère fait école. Aussi l'œuvre de Greene-Mercier, du fait des travaux de l'artiste réalisés ou exposés notamment en France, en Italie, en Allemagne fédérale, acquiert-elle une importance exceptionnelle. Il y a une quinzaine d'années, l'École de New York paraissait en voie de supplanter l'École de Paris. La capitale française, qui fut pendant au moins un demi-siècle le centre de l'activité artistique internationale, a repris aujourd'hui la plus grande part de son hégémonie passée. Il n'est donc pas surprenant que Greene-Mercier ait voulu partager les luttes et les recherches des artistes travaillant dans les ateliers parisiens. Elle devait, d'ailleurs, recueillir en France quelques-uns de ses moins discutables et de ses plus notables succès. C'est ainsi qu'en 1968 et 1969, les «Semaines internationales de la Femme», à Cannes, lui ont décerné les plus hautes récompenses. En 1975, elle reçoit le Grand Prix international de sculpture au Festival de Saint-Germain-des-Prés. Entre temps, une de ses œuvres monumentale *Forme Arboréale, 1971* (4, 16), haute de cinq mètres, était érigée sur le littoral du Roussillon, à Leucate-Barcarès. Deux ans plus tard, l'État français lui passait une commande pour le Collège d'Enseignement Secondaire Verlaine à St. Nicolas-lez-Arras (18). En 1974 c'est Hombourg/Saar qui fait de même pour le Landratsamt (17). Quant à ses expositions, elles sont aussi nombreuses, sinon plus, sur le vieux Continent que dans son pays natal.

Pour la première fois dans l'histoire de l'humanité, tous les peuples ouverts sur l'extérieur ont été plus ou moins touchés par la civilisation occidentale et se sont alignés sur ses principes et ses modes d'existence. Il ne s'agit pas de supériorité intellectuelle et morale, mais de supériorité technologique. Comme jadis à Athènes, Rome, Byzance, l'art s'est concentré à présent dans un petit nombre de villes, parce qu'elles sont les plus aptes à accueillir les connaissances théoriques et les expériences pratiques. Mais quand l'esprit de liberté n'y soufflera plus, ces foyers culturels finiront sans doute par se ranger sur les autres centres auxquels la puissance politique et économique assure une redoutable primauté. Heureusement, le monde n'en est pas rendu à cette peu enviable extrémité. Il est à prévoir que l'Occident réserve encore aux artistes les possibilités de subsister, de travailler, de créer, où et comme ils l'entendent. Les uns, tel Brancusi, s'enfermeront volontairement dans une méprisante et féconde solitude. Les autres, au contraire, comme Lipchitz,

10. 1968. Série **CONTENEURS, MILLE CONES** ▶
bronze, h. 1 m. 60.

seront stimulés par de fréquents déplacements et par les contacts humains. Par une nécessité dont elle ne pourrait elle-même expliquer clairement les raisons, Greene-Mercier s'est choisi trois points d'attache : Chicago, Paris, Rome, chacune de ces villes lui apportant quelque chose qui ne se trouve pas dans les autres. Il faut voir là, peut-être, une des causes de la variété surprenante de ses créations. Mais cette vie tripartite n'empêche pas qu'un lien les unit, ces créations, en profondeur : c'est tout ensemble la rude énergie de son caractère et l'exquise souplesse de sa main. Pour le reste, je ne saurais me prononcer avec certitude, car l'art est un mystère qui échappe à toute définition. Aussi me garderai-je d'analyser une œuvre telle que la sienne, comme on analyse une phrase grammaticale ou un composé chimique. Mais si je ne réussis pas à découvrir «derrière les images qui se montrent les images qui se cachent»,[4] selon le mot de Gaston Bachelard, du moins aurai-je essayé de faire tomber quelques-unes des défenses qui protègent le secret des formes en général et de celles-ci en particulier.

VI

Les premières œuvres de Marie-Zoé Greene-Mercier datent des années 1937-1945, durant lesquelles l'artiste devait pratiquer une simplification accentuée de la figure pour aboutir irrésistiblement à affranchir la nature de ses servitudes temporelles, à l'élever jusqu'à ce haut degré d'abstraction où se trouve, selon Platon «la réalité suprême». Les bronzes polis *Forme numérale* (20), *Maternité* de 1948[5], *Forme et Deux formes* (21), *Torse*[5], la sculpture en ciment *Forme encerclée*[5], font valoir l'affinement des contours, la sensualité des surfaces, la plénitude et l'ajustage des volumes. Le détail, l'accessoire, le superflu, sont sévèrement éliminés pour que l'œuvre, par une suite de vigoureuses contractions, toujours dans la recherche de l'absolu et du complet dépouil-

11. 1971. **ASSEMBLAGES,** Cubes de Quatre Centimètres
fer laqué, h. 18 cm.
Col. Conte Gazzano della Torre, Rome

lement, atteigne, dans la sérénité, à l'intensité du sentiment. Comme le montre sa *Maternité* en bronze de 1948, Greene-Mercier aurait pu, en repliant son énergie sur elle-même, en abrégeant plus encore la forme, arriver à la forme-type, à la forme-mère, à la forme permanente et éternelle, commencement et fin du monde. Mais voici qu'en travaillant la pierre ou le bronze, elle ne sentira plus bientôt la nécessité de ce bloc dense, statique et clos, qui avait pourtant été la clef de tant de chefs-d'œuvre dans le passé. Elle se met à rêver d'une autre manière de sculpter, plus intellectuelle, plus mentale, mais où la mathématique ne déborderait pas les données des sens et le libre exercice de l'imagination.

Toujours est-il qu'elle semble, en 1946, vouloir abandonner la ronde-bosse et les matériaux traditionnels du sculpteur pour le collage et la compositon en relief. Au papier collé sur verre ou sur toile, elle ajoute à son gré de la gouache, des morceaux de tissu et de ficelle. Peu de courbes, le plus souvent des jeux de parallèles formant des rectangles et des carrés qui donnent un aspect graphique à ces collages. Le très beau *Collage Quatorze* de 1952 (13) ne présente que des droites se croisant en damiers. Par l'effet optique qu'il produit, *Collage Vingt-et-Un* de 1954 (50) précède le cinétisme d'un Agam, d'un Soto ou d'un Cruz-Diez. Il est évident que les collages de Greene-Mercier, basés sur la savante mise en place de figures géométriques, s'apparentent au langage du peintre ou du graveur. Était-elle donc sur le point de renoncer à la sculpture ? Or, elle allait y revenir en 1956 avec un bronze, *La Multiplication des pains et des poissons* (22). Il sera suivi, pendant une dizaines d'années, d'ouvrages similaires, composés de tiges métalliques sinueuses décrivant dans l'espace des volutes, des spirales, des torsions, et qualifiés par l'artiste elle-même de «sculptures linéaires». Ce sont des

12. 1946. **COLLAGE HUIT**
papier sur verre, 40 x 50 cm.
Col. M. et Mme. Leon Despres, Chicago

28

13. 1952. **COLLAGE QUATORZE**
papier et ficelle sur verre, 45 x 60 cm
Col. International Film Bureau, Chicago.

sortes de calligraphies en bronze qui, à l'encontre du volume fermé, établit une communication entre l'espace intérieur et l'espace extérieur. L'air circule sans entrave dans ces formes ouvertes et le vide participe en priorité au mouvement de l'ensemble. Chez Rodin et Brancusi, la poussée intérieure détermine la forme. Dans ces sculptures aériennes, les poussées intérieures animent le vide et envoient leurs ondes frémissantes à travers la texture des lignes de force dont résulte la forme.

Voyez, par exemple, la série des bronzes *Orphée et Eurydice* (19, 23, 25). Sans le secours de votre imagination, vous n'y reconnaîtrez guère une allusion précise au couple légendaire, encore qu'il s'agisse de signes surgissant du monde poétique et mythique. C'est en effet le mythe, la poésie, que Greene-Mercier a tenté de rendre perceptibles à travers ces efflorescences de métal toutes de légèreté et de grâce. Jusqu'en 1965, elle a recherché hardiment un style qui réfutait ses travaux antérieurs, en sorte que son œuvre sera désormais portée par deux courants : l'un tendant à la création libre de signes, l'autre tendant à donner plus de densité, plus de rigueur aux formes. Les deux orientations lui ont également permis de trouver des solutions aux problèmes de l'espace, des structures et de la lumière qu'elle se posait ou qu'elle pressentait. Et quand elle sera obsédée par la pure géométrie, il lui arrivera de revenir au lyrisme des formes dégagées de toute contrainte, quitte à leur donner des dimensions monumentales comme dans ce chef-d'œuvre de 1970, *Forme arboréale* (26), dont les verticales rigides de bronze s'élancent depuis le socle jusqu'à 4 mètres 50 de hauteur, où elles s'épanouissent en élégantes circonvolutions. Planté au centre d'une clairière, cet ouvrage si remarquable, avec ses tiges roides jaillissant du sol et les enroulements qui le couronnent,

14. 1969. **RELIEF UN**
plâtre, gouache, tissu sur toile, 30 x 40 cm.
Col. particulière, Milan.

15. 1950. **RELIEF TROIS**
plâtre, ficelle, gouache,
métal sur toile, 28 x 41 cm.
Col. T. H. Lassagne, Glendale, California.

s'identifie tout naturellement aux fûts et aux branches des arbres d'alentour. Chaque composant de cette vision globale est calqué sur la vie végétale, sur la vie tout court.

Dans cette suite de «sculpture linéaires», Greene-Mercier a dégrevé la sculpture de toute masse pondérable, l'amincissant, l'étirant, l'évidant, bouleversant ainsi les idées reçues de poids, d'épaisseur, de stabilité. Ces ondulations de métal s'enchevêtrent, s'élèvent, retombent, se tordent, pareilles aux lianes de la forêt, comme si l'arbre artificiel crée par un geste humain et l'arbre de la nature confondaient fraternellement leurs destins. Je songe à un distique saisissant de Péguy :

> *Et l'un ne périra que l'autre aussi ne meure.*
> *Et l'un ne survivra que l'autre aussi ne vive.* [6]

Ici, l'impulsion intérieure communique avec l'extérieur par la circulation de l'air à travers l'ouverture de la forme, dégageant une impression intense de dynamisme, de mouvement svelte et délié, qu'un rien pourrait faire basculer dans l'expression dramatique, n'était la volonté constante de l'artiste qui s'arrête toujours à la limite du baroque.

Aussitôt après ses «sculptures linéaires», Greene-Mercier entreprend, en 1965, une série d'assemblages, les uns groupés sous le titre *Conteneurs* (8), les autres sous celui de *Pérugina* (9), qu'elle réalise soit en bronze, soit en acier inoxydable : série entrecoupée de petites sculptures, les unes en cire (27), les autres constituées de divers métaux soudés (28), *Buissons ardents*. Les tubulures, les cylindres, les parallélépipèdes des *Conteneurs* et des *Pérugina* présentent des analogies industrielles, que ces œuvres rassemblent dans une métaphore où s'absorbent les deux termes : intellect et machine. Autant elles s'imposent au regard par leur force immobile et contenue, autant les fleurs, les feuilles, les fruits découpés dans le métal de la série *Buissons ardents* donnent un sentiment

16. 1971. FORME ARBORÉALE
fer peint, h. 5 m.
Le Musée des Sables Port-Barcarès, P.-O.
sculpture en fond de Gina Pane

d'aisance allègre et de joyeuse fantaisie, comme si le sculpteur s'était amusé à ces subtiles allusions figuratives, mais pendant une période assez courte, puisqu'elle ne dépassera point 1967, l'année après laquelle Greene-Mercier se consacrera particulièrement à la sculpture architecturale.

VII

De même qu'un architecte organise le corps d'un bâtiment par la savante répartition de ses éléments constructifs — piliers, voûtes, frontons, murs, etc — par leurs rapports, leurs espacements, leurs proportions, Greene-Mercier se réfère à une géométrie plastique analogue quand elle veut réaliser une œuvre monumentale. Quelle inspiration, quelle réflexion l'ont amenée à assembler dans des sculptures de dimensions considérables des figures géométriques primaires, cubes, ou cônes moins souvent ? Le *Conteneur aux mille cônes* (10) en bronze, de 1968, et le monolithe également composé de cônes qu'elle devait exposer en 1976 au Salon de Mai, à Paris (49), font songer aux accumulations de certains néo-réalistes français, encore qu'ils s'en différencient très nettement, comme je l'ai déjà dit. Quand un Arman accole des objets produits par l'industrie ou des objets de rebut, il procède à une appropriation directe du réel, à un constat du secteur le plus objectif de la technologie moderne. Rien de tel chez Greene-Mercier, aucun parti pris naturaliste, pas le moindre fétichisme de la «junk culture». Pas plus qu'elle n'avait été touchée par la vague américaine du pop' art, elle n'a été effleurée par le nouveau réalisme européen. S'élevant par un hardi effort mental à la zone des nombres, des droites, des plans, des solides géométriques, elle fait œuvre personnelle, intransigeante, abstraite, d'invention.

Ces dernières années, elle a choisi le cube comme élément essentiel, sinon unique, de ses constructions, destinées, en principe, à des complexes d'urbanisme. A sa première tentative, en 1967, elle a, d'ailleurs, donné le titre *Composition pour un Complexe Urbain* (30). D'un côté de l'axe vertical, elle a étagé deux cubes parfaits en contreplaqué peint et, de l'autre côté, trois cubes identiques aux précédents qui décrivent un arc brisé jusqu'à presque cinq mètres de hauteur. Plantée au milieu des gratte-ciel de Chicago, la sculpture s'adapte tout naturellement à ce vertigineux entourage d'édifices rectilignes.

C'est dans un tout autre décor que se dresse, depuis 1971, la *Forme Arboréale* (4, 16). Il s'agit, cette fois, de quatre cubes en fer peint disposés deux par deux autour d'un pilier à section carrée portant deux autres cubes. Cette sorte de gigantesque chandelier à trois branches, haut de cinq mètres, est érigé sur le rivage du Languedoc-Roussillon à Port-Barcarès. Ce monument d'impérieuse et impertinente logique, qui a pour fond l'immensité du ciel et de la mer, est comme une sentinelle montant la garde au seuil de l'éternité. Ici, c'est du contraste brutal de cette construction de pure géométrie que cette grande œuvre tire toute sa signification. Tendue dans son élan et retenue dans sa matière, elle est comme un défi jeté à la nature ignorante et indifférente au nouvel âge où notre civilisation est déjà entrée.

Greene-Mercier devait porter encore plus loin sa passion lucide de l'architecture. En 1972, elle exécutera une composition d'une vingtaine de cubes répartis en huit unités qui sera éventuellement installée, en 1976, au Grinnell College, Iowa (5). En 1974 c'est *Quatre unités de trois cubes par unités* en contreplaqué peint, constituant un bloc saisissant de 4 m. 50 de hauteur (6). La même année, elle produisait des maquettes de plusieurs sculptures-signaux, formées de cubes pleins en alternance avec des évidements cubiques : sortes de monolithes dressant dans les airs leurs angles droits, justifiés par le calcul autant que par le souci d'élégance. Car l'art du sculpteur peut se soumettre à la plus intransigeante géométrie et la doter néanmoins de distinction et de grâce. Greene-Mercier en a fourni maints exemples, tels que la *Composition de dix cubes* (29) en acier inoxydable de 1972, de près de trois mètres.

Plus probantes encore apparaisent certaines œuvres de dimensions réduites, comme les deux assemblages de 1971, l'un de fer peint (39), l'autre en fer émaillé (11). Ils sont composés de cubes ouverts, superposés dans un désordre apparent et dans un savoureux déséquilibre. Ce sont des combinaisons fragiles et instables qui s'effondreraient si l'ingéniosité pratique du technicien ne s'y était associée avec l'esprit ludique de l'artiste. A noter enfin une étude en polystirène pour une composition multicubes de 1973 (37) où le jeu des lumières et des ombres ajoute sa séduction à l'efficacité des volumes coupés à angles droits.

VIII

«Des cubes. Encore des cubes !» direz-vous. Greene-Mercier serait-elle donc un sculpteur cubiste, dans le sens où l'on vit naître le *Pingouin* de Brancusi, *la Femme à l'éventail* de Laurens, le *Verre d'absinthe* de Picasso, le *Marin à la guitare* de Lipchitz et le fameux *Cheval* de Duchamp-Villon, cinq œuvres magistrales qui devaient commander toute la sculpture à venir, du moins jusqu'à la fin de la seconde guerre mondiale ? Or cette sculpture cubiste n'était pas plus faite de cubes que la peinture «cubiste» des années 1908-1914. L'une et l'autre proposaient la figuration totale de l'objet sans faux-fuyant ni trompe-l'œil. Peintres et sculpteurs cubistes tentaient de remplacer le contour réel, le modelé, les valeurs de passage, par des arêtes, des angles, des plans, réunis dans une architecture intellectuellement conçue. Il ne faut pas ou-

36

17. 1974. **FORME ARBORÉALE**
fer peint, h. 4 m. 50.
devant le Landratsamt, Homburg/Saar

blier, à ce propos, que la dénomination «cubiste» est née d'une boutade sans signification précise. Cela étant, Greene-Mercier n'est nullement un sculpteur cubiste selon le point de vue de l'historien. Mais elle est le seul sculpteur qu'on voit aujourd'hui employer le cube, non pas dans une intention réaliste, — figurer l'objet le plus complètement possible —, mais comme module, comme vocable essentiel d'un langage purement abstrait, encore que ce vocable ne soit pas entièrement coupé de la réalité, puisque le cube, comme le cône, le cylindre, la sphère, ainsi que le génie de Cézanne l'avait fort bien aperçu, sont partout dans la nature.

S'agissant des *Compositions multicubes* de Greene-Mercier, une force intérieure les projette vers le haut, de même que la sève montant dans l'arbre en assure la croissance. Quand elle les fait reposer sur des assises puissantes (voyez *Quatre unités pour un complexe urbain* de 1974) (6), c'est qu'elle a cherché un effet de calme et de solidité à la manière des constructeurs de blocs monolithiques dans l'Egypte pharaonique, au Mexique et au Pérou d'avant la Conquête. Plus souvent la base est étroite et s'évase par volumes dissymétriquement répartis, comme dans *Forme Arboréale* de Port-Barcarès (4, 16) et la *Composition pour complexe urbain* maintenant à Detroit (30).

L'un des traits particuliers de Greene-Mercier est de reprendre par intermittence la même forme, linéaire dans la série *Orphée et Eurydice* (25), cylindrique dans celle des *Conteneurs* (8), ou, on vient de le voir, cubique, et de la soumettre à des simplifications, à des transformations ou à de nouveaux agencements. En tout cas, on ne saurait parler ici d'évolution chromatique, à la façon du musicien procédant par une série progressive de demi-tons. Son rêve est de rivaliser avec l'architecte pour modifier, comme lui, mais avec les moyens plastiques dont elle dispose, l'espace naturel.

Tandis que ses sculptures linéaires s'intègrent au milieu végétal, ses majestueux assemblages de cubes s'incorporent sans difficulté à l'environnement urbain. Il peut arriver aussi que ce n'est plus l'harmonie qui fasse la loi, mais le contraste. Ainsi la structure rigoureusement géométrique de *Forme Arboréale 1971* (4) est mise en pleine valeur par la courbe infinie du ciel et l'horizontalité du rivage de Port-Barcarès et telle ou telle sculpture-signal (31) par la nudité du paysage de plaine où elle dresse verticalement sa forme.

Greene-Mercier, en effet, récuse tout programme conçu *a priori*, toute théorie, fût-ce la plus savante, tout système, fût-ce le plus ingénieux. Par divertissement ou besoin de détente, il ne lui répugne pas, à l'occasion — ses petites sculptures soudées de 1967 en témoignent — de se référer à la nature des feuilles, des fleurs et des fruits. Ce sont de semblables raisons qui l'ont sans doute conduite à peindre le bronze, le fer, le bois de ses œuvres. Utilise-t-elle la couleur seulement pour neutraliser l'austérité de certaines de ses conceptions ou pour éviter les variations désordonnées de la lumière, comme Laurens et Archipenko s'y sont employés dans la même intention ? Sans doute, les deux suppositions sont-elles acceptables. Il se peut aussi qu'elle ait été attirée, à divers moments de sa carrière, par un art différent du sien, bien que l'un et l'autre soient étroitement liés : la peinture, le dessin ou le graphisme. Mais son intervention ne devait s'exercer que dans la publication de trois petits volumes de dessins à Trieste en 1969 et 1970 et dans la pratique du collage. Je rappelle pour mémoire les collages [7] très personnels qu'elle a réalisés de 1946 à 1955.

IX

J'ai essayé de définir la place de Marie-Zoé Greene-Mercier dans l'art moderne de la sculpture, d'abord dans ses liaisons avec la sculpture américaine et la sculpture européenne, puis dans ses rapports avec les orientations prédomi-

18. 1977. **COMPOSITION DE VINGT CUBES EN DEUX UNITÉS**
fer peint, h. 3 m. 20, longeur, 7m. 50
C.E.S. Verlaine, Saint-Nicolas-lez-Arras ▶
Commande du 1 % scolaire
Battut & Warnesson, architectes

nantes de la plastique contemporaine. J'ai pensé que, de ces confrontations, pourraient surgir en pleine clarté les traits de son attachante personnalité et le sens de sa démarche d'artiste malgré l'extrême variété de son œuvre. Plutôt que d'indiquer un caractère hésitant ou versatile, cette variété est le signe d'un fort tempérament, d'une ténacité indomptable, qui peuvent se permettre les incartades, les volte-face, voire les contradictions, dont témoignent généralement les esprits inventifs et les chercheurs.

Donc, une œuvre toute de diversité et d'imprévu, mais dont l'unité est assurée par la constance d'une inspiration qui ne puise ses effets ni dans le romantisme, ni dans le baroque, encore moins dans la littérature consubstantielle au surréalisme. Rien ne lui est plus étranger que le formalisme, la rhétorique, l'éloquence. Même dans ses sculptures monumentales elle montre son hostilité à l'emphase, à la boursouflure et au laxisme expressionniste. C'est que son passage au Bauhaus de Chicago l'a profondément marquée. Contrairement à tant de ses présomptueux contemporains, elle ne prétend pas exprimer le mal de vivre et l'angoisse de l'avenir par des formes convulsives. Plutôt la dureté, l'austérité, que les outrances du drame intérieur ou que les agaceries de l'esthétisme. Au laconisme, à la concision, à la verdeur de ses créations, il lui plaît d'ajouter les caprices de la fantaisie et même un humour espiègle, afin de leur donner, non pas le pittoresque et la richesse, mais le visage souriant de la tendresse et la suprême élégance de la pauvreté. Quelle que soit la discipline qu'elle s'impose, Marie-Zoé Greene-Mercier, en tout cas, en refuse la tyrannie. Elle sait que la liberté n'est pas une facilité, mais une épreuve.

Au milieu des grandes disgrâces de l'époque, elle nous apporte, par-delà le terroir de l'Ancien Monde et celui du Nouveau, la fraîche vitalité de celui-ci et la longue expérience de celui-là, toujours tentée par les aventures imaginaires, toujours en quête d'une exacte définition d'elle-même.

GREENE-MERCIER

I

To reach a satisfactory understanding of the work of Marie Zoe Greene-Mercier it is important to know her origins. She was born of French parents in Madison, Wisconsin, U.S.A. and spoke and read French before English. Bilingual, therefore, she grew up in Cambridge, Massachusetts, and lived for the most part in the United States until 1961. In 1961 she began dividing her time between Europe and America.

It is not surprising, then, to find that she has, in her work, something of the character of both countries, of the United States where movement, change, a profusion of new ideas and heady emancipations, boldness and variety of conception are the order of the day, and of France where an instinctive respect for the limits set by reason serve to determine the confines of the boldest explorations. In her work the classical French spirit of order is as active as the American zest for adventure. This is not the case of an American sculptor who has joyfully succumbed to a French influence, nor of a sculptor of French origins who has enthusiastically embraced the American challenge. There is a

dualism in the work of Marie Zoe Greene-Mercier which accents sometimes one of her inherited tendencies and sometimes one of those acquired. Yet within the dictates of this dualism she achieves in her finished work the conciliation of both tendencies. All things considered, her artistic nature, to use a phrase of Paul Valéry, is enriched by its very differences.

Free lance writer, teacher of French, lecturer, art historian like so many American writers and artists, she practiced several professions before devoting herself entirely to sculpture. She had studied drawing and painting before becoming a student of Moholy-Nagy and Archipenko at the New Bauhaus in Chicago in 1937-38 and, in time, finding herself working on her waxes by the side of Jacques Lipchitz at the Modern Art Foundry in Long Island City. It is these exiles of a Hitler-dominated Europe who helped her, by their example, to define her goals and to steer her development into a path of determined modernism. She was to expand her gifts in this direction without loss of time pursuing standards classic and valid in a period of which Rodin and Maillol were the last representatives of genius.

When Marie Zoe Greene-Mercier began her career Moholy-Nagy, Archipenko, and Jacques Lipchitz were expressing their determination to discover new aesthetic values and, in order to bring them to fruition, to translate them into new forms conceived with new techniques. Their researches rested essentially on the speculations of Cubism in acknowledged accord with other innovators like Naum Gabo and his brother Pevsner, Laurens, Csaky, Brancusi and, of course, Picasso whose courageous experiments were to open the way to the great adventure of Abstract Art. Greene-Mercier was fortunate enough to witness, before experiencing it, the

19. 1965. ORPHÉE ET EURYDICE
bronze, h. 1 m. 60.
Col. 1/2, Hilles Library, Radcliffe College,
Cambridge, Massachusetts.

radical transformation of the plastic arts that was to result in the establishment of the foundations of a world style. We are amazed that the centuries-old art of the imitation of nature should, in but a few years, have been put aside and abolished by one generation of determined innovators without becoming lost in useless theories. Entirely guided by instinct they proposed a conception of space completely different in principle and method of attack to that which had long been prevalent. Already in the fifth century B.C. mimesis was the central preoccupation of the Greeks. In Magna Graecia the sculptor Pythagoras of Rhegium was famous for his obsessive care in rendering muscles and veins. During the Renaissance Vasari used as a frame of reference the same figurative canons to award the highest homage to those artists of his time who had attained the summit of perfection in the representation of nature. There is only a shade of change or development between Phidias or Poly-clitus and Canova or even Carpeaux though three thousand years went by from the peak of Hellenic culture to the last epiphenomenon of the Renaissance. Barely twenty-five years separate Carpeaux and the precursors of contemporary sculpture.

Arthur Koestler in *The Heel of Achilles* explains that the theory of the cumulative development of art has to do with «the accretion of technical skills and can only be called progress if technical perfection is your criterion of judging a work of art.»[1] The aesthetic revolution of the twentieth century, however, violently challenged not only the technical means but the very principle of art in general and of sculp-ture in particular. There is no question now of giving the spectator the illusion more or less convincing of reality contingent upon the appearance of the exterior world but of substituting for this reality absolute reality, reality itself. This is Greene-Mercier's attitude. For her, sculpture according to

20. 1937. **FORME NUMÉRALE**
bronze poli, h. 28 cm.
Col. Musée Bauhaus-Archiv, Berlin Ouest.

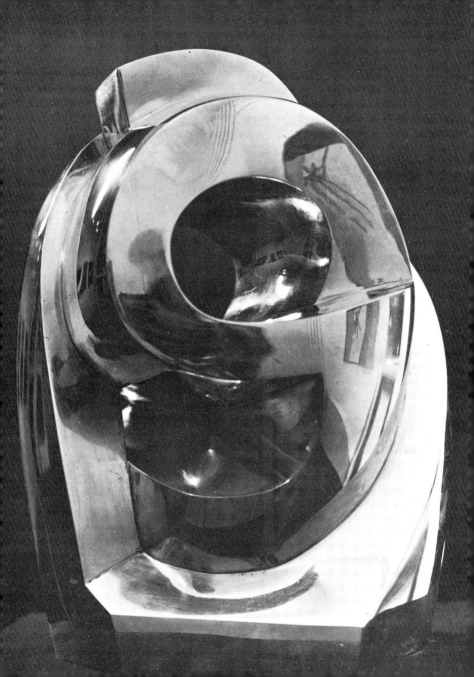

an apt definition of Henri Focillon measures and describes space «by virtue of the development of an interior logic, a dialectic that is valid in relation to itself.»[2] She believes that sculpture is an act of creation and not of imitation. This does not mean that she does not abide by rule and discipline but she invokes a currently valid rule and a discipline she imposes upon herself, not an arbitrary discipline imposed by an exterior agent.

Of course Greene-Mercier has not been indifferent to new techniques or to new materials. For thousands of years terracotta, stone, wood, copper, bronze, marble by the Greeks, glazed bricks by the Babylonians and ancient Persians, have been employed by sculptors. It is only within relatively recent times that they have had other materials available to them. Julio Gonzales based the originality of his work on forged iron, long regarded as a material for strictly utilitarian uses. Moholy-Nagy was a virtuoso of stainless steel and glass. Other than glass, Gabo made use of steel wires, celluloid, and synthetic resins. Their successors did not hesitate to use nylon, polyester, plexiglass, scrap metals, even cloth and cardboard. They often added paint to bronze, to sheet iron, to steel, to wood. In the case of Greene-Mercier there are reliefs of 1950 and 1974 executed in plaster with additions of string and textiles (14, 15). In 1967 and 1976 she showed works in alabaster, stainless steel (29) and baked enamel on steel (39). For her monumental works she has exploited the particular characteristics of bronze (7), of stainless steel (29), of painted pressed wood (5, 6). These have been accompanied by a continuing series of unique works modelled directly in wax (27), the large assemblages of the *Container Series* (8), the *Perugina Series* (9), the *Cubes Series* (11), the multiple *Cone Compositions* (10), and the polyplane collages of paper, string, and corrugated cardboard on four sheets of glass (12, 13, 50)

21. 1945. **FORMES ET DEUX FORMES**
bronze poli, h. 40 cm.
Col. 2/7, Thomas J. McGinnis, Cincinnati, Ohio.

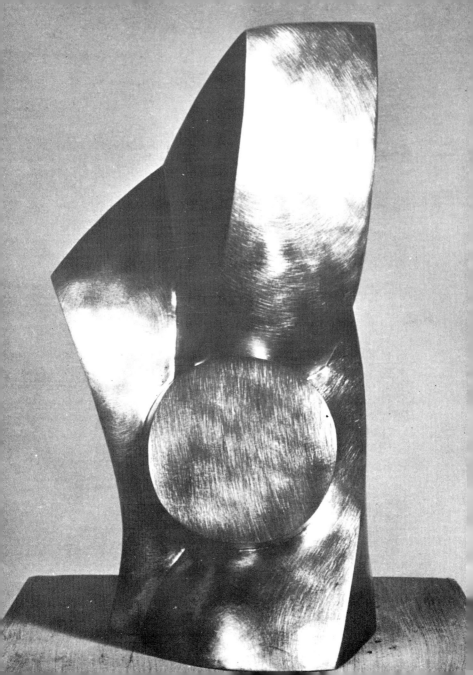

or on burlap (14, 15).

She was to become a master in metal work, pushing her concern for additional skill so far as to obtain a certificate for industrial welding at one of the technical schools in Chicago. She has accepted on occasion the execution of portrait commissions in bronze notably of Dame Judith Anderson in the roles of Medea and Clytemnestra, the international jurist Luis Kutner, and Rudolph Ganz for Ganz Hall at Roosevelt University. These permitted her to relax her researches in the abstract idiom for an occasional contact with the figurative. She had worked out her own relationship with the combination of figurative and abstract and between naturalism and the exercise of the imagination. For in executing such portraits and at other times creating small sculptures in combinations of welded metals with definite figurative allusions, her intention was never to reproduce reality as such or as an end in itself.

II

I have spoken of the fact that she belongs to two cultures, to two civilizations, the French and the American. However let us be careful not to think that any particular one of her works clearly shows a European origin while another might be the result of inspiration derived from the country where she was born, where she married, and where she gave birth to her children. In our time such is the rapid diffusion of thought that no one country has its own unique conception of form. The contemporary development of a widespread technical and scientific civilization over most parts of the world has logically enough resulted in a like universalism of the plastic arts. Pierre Francastel was writing already in 1954: «Does this new koine or common language of the figurative forms and technique in one civilization announce a new age of diffusion and assimilation of modern

22. 1956. **LA MULTIPLICATION DES PAINS ET DES POISSONS**   *51*
    bronze, h. 1 m. 90.
    Col. 1/2, First Baptist Church, Bloomington, Indiana.

formulae, as we have seen already in the Hellenic and Roman period, leading to a future renaissance reached when a certain level of consciousness will have overtaken the totality of the inhabited world? Or on the contrary could it be that the material growth developed by the western world passing to areas up to this time in a state of stable existence, predicates a preliminary destruction of this koine before it is committed into the hands of the sorcerers' apprentices? Each one will answer as he thinks... Never,» Francastel adds, «since the deluge, that is, since the marked advance of the mediterranean civilization, has the world known the same uniformity in its mode of thinking and acting, nor, as must follow, in its figurative renderings and representations of the visible world.»[3]

However, if there does exist this generalized diffusion of plastic formulae, as an indeterminate curve in the evolutionary graph which erases successfully ethnic or national peculiarities, it is the function of individual manifestations to chronicle the phases of the creative capacity at work, as it is in the case of the other superior functions of man. If the art of Greene-Mercier is no more a product of Europe than of America, if it is accessible to the sensibilities of either culture, it reflects the decisions of a personal assessment, an individual evaluation, pretty much conscious, but also intuitive, of the speculative and technical possibilities of her period. Fortunately it is a period when the anecdote, the subject matter, the historic or literary allusion is no longer prized at the expense of the aesthetic values themselves.

Experiencing a constant need for the exigencies of creative thought and possessing an uncommon strength of expression, Greene-Mercier has executed works in an extraordinary variety of styles, conceived however with

23. 1966. **ORPHÉE ET EURYDICE XVI**
bronze, h. 1 m. 50.

equal artistic integrity. One might get the impression that she is a prey to every wind. One might think that she hears every siren call that is audible in the contemporary environment in order to transform it into a rich synthesis, sometimes in abstract signs, sometimes in concrete objects, playing with full form and empty form, with horizontals and verticals, with uniform color of surfaces and polychromed planes, with monoliths and masses formed of a profusion of elements, alternating convex and concave to render its opposite, employing forms of the most severe geometry on the one hand and, on the other, allowing the freest liberty to cast and welded metals. Now, however, everything is permitted to the artist. Everything is possible. The traditional canons of sculpture regarding weight, volume, modelling of surface, and tactile values, have flown out the window. The ancient conventions no longer hold. Archipenko added to the full relief of form the possible elements of convexities and concavities. Lipchitz made countless experiments to replace density with arabesque. Gabo and Pevsner introduced as sculptural alternatives surfaces whose quality became part of the effects inherent in the light and shade accompanying them. With his wood and steel armatures, his montages, his polychromed stones, Henri Laurens anchored volume, for him preeminent, inexorably in space. Henry Moore considered empty space as form, form and space being for him the same thing. Calder by defining form with contour and causing his ingenious combinations of metallic lines and surfaces to float in space, conferred upon space a unique and unexpected dynamism. As for Picasso, sculptor, he tried everything. He foresaw everything.

Marie Zoe Greene-Mercier could refer to such examples to justify, were it necessary, her boldest experiments. She lives at the center of an effervescence of ideas, of a harvest of experiences, which have opened to her art infinite possibilities. Working elements like those of empty space, of transparent structure, of outgrowing forms, of compression and accumulation, of the coexistence of moving forms, unstable and changing, of stable forms, solid and heavy, so many of them deriving from and in some cases parodying machine parts: these are all parts of a new language. They are new idioms, procedures unimaginable a hundred years ago and they have completely revolutionized the idea of sculpture current at that time.

Modern sculpture whether based on human form or not, whether immovable or kinetic, whether developed below eye level or above, is grounded on a new relationship with space. Space can be modified, can be appropriated, can be identified by the artist with himself as he wishes. That the artist is no longer a slave to full, opaque volume alone, that he is free to compose with space as he would compose with volume, that he shows a preference for the simpler, rougher, cast-off materials, less hallowed than the old, these are the chief characteristics of contemporary sculpture. Greene-Mercier also makes them her own when necessity commands. Concerned with the drive to escape any imposed conventions she makes use of space as a medium as well as the closed form. She can use metal without giving up stone or wood. But whatever her decisions she never loses sight of her main objective: to bring together with the total command of the material available the expression of style, to unite the new means of expression with the age-old final disciplines of the spirit.

III

Although the meaning she wishes to express in each work will dictate the material used, still her predilection seems to be in the direction of bronze and steel. She has spent hours at her welding table (40) with protective glasses and torch, for,

24. 1974. Greene-Mercier devant la maquette de sa sculpture monumentale à Homburg/Saar. A sa droite son mari Wesley H. Greene et Monika Beck de la Galerie Monika Beck qui organisa le Symposium de Homburg. A sa gauche Bernard Beck. ▶

to the old tools of hammer and chisel have been added the acetylene torch and the electric arc. The modern sculptor uses, and may even abuse, procedures which would have horrified his predecessors: welding, brazing, electro-plating, flame cutting, and compressing operations. When his imagination runs away with him the metal sheets become inordinately sliced, twisted, torn, slit, chiseled, and slashed by his feverish hands. Greene-Mercier, let us hasten to make clear, never loses control of her means of expression. She does not fall into the temptations of disorder, of chance, suggested by a too ebullient imagination. She has an innate respect for her art which disciplines her impulses, which keeps guard on all phases of the work in progress, which prevents an inconsiderate violation of the integrity of her material. She has always a deep need to relate high technical skill with imaginative validity.

Many around her may disassemble, lacerate, dislocate, destroy form, if not introduce mechanical movement in a composition devoid of harmony. Others may use geometric elements with a resulting coldness and an inertness that is depressing. Some may assemble disparate elements of questionable origin without the slightest regard for the subtleties of proportion and balance when they do not simply select an object ready to hand and declare it «work of art». In one case or the other the dialogue between reality and imagination is broken. There is no communicative spark between the visible and the invisible. Whatever means Greene-Mercier employs, whatever risks she runs, this is the dialogue she wishes to maintain at all costs and to conserve with all her strength. This is the reason one relates immediately to her works, whether or not they are disconcerting at first sight, for we know that they are elaborated each with distinctive exactitude and transposed into an order of almost biological import so that each awakens a strong awareness of a basic

25. 1968. **ORPHÉE ET EURYDICE XVIII**
bronze, h. 4 m. 50.

kinship to life. Her works are moving. They astonish. They please. Everything to do with their fabrication has been willed, foreseen, calculated. We are told that Socrates once said that if from all the arts one took away the art of counting, the art of measuring, and the art of weighing, probably little of value would be left of each. Yet for a work of art to reach its full development a clear concept and a determined will is not sufficient. Even endowed with both of these requirements the forms conceived by Greene-Mercier would be lacking a personalized message, would be sounds in a silent language, notes in a soundless music. They would be products of a meaningless abstraction, of a cold and sterile mental speculation if her acute sensibility did not intervene. In her straight and curved lines, in her plane and oblique surfaces, in her volumes or illusions of volume, in her contrasts of light and shade, we must look, not for an exercise in demonstration, but for an effort towards communication.

IV

In the 1930s American sculpture had become more and more influenced by European sources. The Parisian Gaston Lachaise and the Russian Archipenko were to contribute to the growth of an anti-academic movement, illustrated particularly by Alexander Calder. The art of Calder has a relationship to the Cubism of Picasso and of Gonzales as Man Ray's had to Dadaism imported to New York by Marcel Duchamp. It is however from 1940-1960 that the American renaissance of sculpture occurred. It had a great deal to do with the ideas brought in by the immigration of artists forced to move on by the growth of Hitlerism in Europe: Moholy-Nagy from the German Bauhaus, the constructivists Gabo and Pevsner, the cubist Lipchitz. This was a stimulant for the powerful and bold talent of David Smith, for that of the self taught Lippold, of Lassaw, of Ferber. All exploited the use of welded metal and worked with open forms. They gave birth to an expressionistic and abstract style typically American while Roszak, Kiesler, Mary Callery, were more influenced by Surrealism in the United States, whose chief representative at the time was Max Ernst.

In the 1960s when the limits of Abstract Expressionism began to appear, there arose the vigorous opposition of a group of painters which would take on a massive expansion with the appellation «pop art» and extend even into the sculptural field. They were intent upon returning to nature, more specifically to urban, industrial, and advertising proto-types. As a matter of fact the assemblages of naturalistic elements or refuse objects by the painters of «pop art» were in the tradition of Marcel Duchamp, so much so that the movement would sometimes be called «neo-dadaism». It seemed to be more sculpture than painting but a sculpture standardized and singularly effective.

The imitations of food in plastic by Oldenburg, the casts made directly from human models by Segal, are indeed three-dimensional objects, sculpture reduced to the reproduction of common and recognizable subjects. At the same time that the frontiers between painting and sculpture were breaking down, the latter was producing the «minimalism» of Donald Judd, Larry Bell, Tony Smith, Sol Lewit, who were militating for elementary geometric forms as simplified as possible, often in plastic materials in conjunction with primary colors.

Before these divergent tendencies what is the position of Greene-Mercier? She saw them born and then develop but became identified with none of them. In her unequivocal passion for form, she would not know how to submit herself to experiences which engage neither the intellect nor the emotions. When she erects a monumental work composed of cubes of painted steel, the sobriety, the concentration, the power of synthesis which are its most valid attributes, forbid that it be linked with the impersonal designs of «minimal art». If she juxtaposes one thousand bronze cones she is in no way inspired by the accumulations of Arman. Instead of assembling, as he does, the rejects of industrial production, she constructs with small geometric forms a large geometric form. In doing so she remains within the domain of abstraction whereas Arman remains in the field of realism.

Let us not fall into the pedagogical tendency which flourishes in this last period of the twentieth century era, to classify, catalogue, and definitively index everything. Does an original body of work such as Greene-Mercier's enter any aesthetic category? It is impossible to answer. The essence of originality is to be unclassifiable, Classic, baroque, lyrical, abstract: she is none of these and yet all of them at the same time. At all events she leads us back into the world of multiplicity and diversity in whatever way is appropriate to her own alternations of felicity and torment. Rare is the body of a life work which shows as much as hers does, the infinite resources available to manual skill joined to an acute intuition of the verities of human life. And in addition are those qualities that lie in the personal nature of this artist: intelligence, imagination, probity, and an unflagging tenacity.

It is not enough to say that she is a slave to no formula. If she senses that ahead lie the dangers of repetition, one sees her veer aside to another adventure. Her art would have lost much had it been held to a rigid program. Always under the compulsion of one initiative after another, always searching for a clearer expression, she shows at all times the same constancy of ambition faced with a new frontier to cross and a new land to fructify. She will be happy only when she has found the secret of a material little tried and has succeeded in endowing a single form with the immeasurable significances of life, fulfilling in this way a devouring need for totality.

V

We are compelled to recognize that sculpture in the United States is less productive than painting even when the latter lends it some of its most evident values. At a time when American painters have seen their authority extend as far as Europe and even much further, the sculptors have not really imposed their influence. For that reason the work of Greene-Mercier, because of pieces executed and exhibited notably in France, Italy and West Germany, acquires an exceptional importance. Fifteen years ago the New York school was on the way to supplanting the school of Paris. The French capital, that had enjoyed not too long ago, a fifty year period of unchallenged artistic preeminence, is by way of regaining that hegemony today. It is not surprising therefore, that Greene-Mercier should have wished to share the struggles and the experimentation of artists working today in the Paris studios. As a matter of fact she was to receive in France some of her most unquestionable and notable successes. In 1968 and 1969 the «Semaines Internationales de la Femme» at Cannes awarded her their silver and gold medals respectively. In 1975 she received the first prize at the International Festival of Saint-Germain-des-Prés. Meanwhile in 1971, one of her monumental sculptures *Arboreal Form* (4, 16), over fifteen feet high, was erected with a French government grant on the mediterranean shore of the Roussillon region at Leucate-Barcarès. Two years later she was awarded a second government commission on the 1% art provision for a new junior high school in Arras (18). In 1974 Homburg/Saar, in West Germany, placed a third monumental work in front of its Landratsamt, a regional government administration center (17). As for her solo and group shows

they are as numerous, if not more so, in the Old World than in the New.

At this point of time in human history all peoples who are open to exterior influences have been more or less involved with western civilization and have in many varying degrees adopted its principles and modes of action. It is not a case of superiority either moral or intellectual but of advances in technological procedures. As in Athens, Rome, and Byzantium long ago, art now too is concentrated in a small number of cities for the simple reason that they have proved most apt at collecting the common knowledge of theoretical and practical experience available on a worldwide basis. These are the cities today that offer artists the possibility of working, of earning a living, of creating where and in the manner they are moved to do so. Some like Brancusi, will choose voluntary isolation in proud and fruitful solitude. Others on the contrary, like Lipchitz, will be stimulated by frequent displacements and by contacts with many people. Because of a necessity that she may not be able to define clearly herself, Greene-Mercier seems to have chosen three cities of predilection, Chicago, Paris, and Rome. Each of them is the source of an element favorable to her work which differs from that of another. Perhaps we have here one of the reasons for the surprising variety in her creations. This triple source of creative energy however does not prevent a profound unity among them. The unifying factor is an indisputable strength of character joined to a trained and sensitive hand. Beyond this I cannot suggest a definitive statement because art is a mystery that eludes the definitive word. I would be very careful not to analyze a body of work such as hers as one would parse a sentence or express a chemical formula. But if I do not succeed, in this case, in discovering «behind the image that we see, the hidden image that lies within,» as Gaston Bachelard has put it,[4] at least I

26. 1970. **FORME ARBORÉALE**
bronze, h. 4 m. 50.

shall have tried to take away some of the defenses that protect the secret of form in general and of Greene-Mercier's in particular.

VI

The early works by Marie Zoe Greene-Mercier date from 1937 to 1945 in which period she strove for a simplification of the figure which succeeded in freeing it from the exigencies of the particular to reach that high degree of abstraction called by Plato «the supreme reality». The polished bronzes *Numeral Form* (20), *Marternity*[5], *Form and Two Forms* (21) *Torso in Rotation*[5], the sculpture in cast cement with polychromy called *Encircled Form*[5], show a well developed refinement of contour, a keen sense of surface texture, and a full adaptation of volume to volume. Detail, the accessory fact, the superfluous line, are severely eliminated by a series of vigorous deletions, always in the search for the absolute, for the basic, until the serenity and intensity of the emotional content is reached. Greene-Mercier might have turned her energy inward, as the 1948 *Maternity* suggests, and, reducing the form even more, produced the archtype, permanent and indissoluble, the final end. But as she worked further in both stone and bronze she no longer felt the inevitability of the solid block, static and closed, that had been, even so, the fundamental of so many masterpieces of the past. She dreamt of another kind of sculpture, more intellectual, more of the mind, but where the mathematical and three-dimensional concept would not impede the promptings of sensibility and the free exercise of the imagination.

By 1946 she seems to have wanted to abandon rounded form and traditional sculptural materials for three-dimensional collages and relief compositions on a flat base. To paper on glass and plaster on burlap she added at will gouache, bits of textile, and string. There are few curved lines but more a play of parallel lines forming rectangles and squares akin to those encountered in graphic design. The very fine *Collage Fourteen* (13) is composed entirely of straight lines in a kind of checkerboard pattern. Because of its optical effect *Collage Twenty-one* of 1954 (50) precedes the kinet- icism of Agam, of Soto, of Cruz-Diez. It is apparent that the collages of Greene-Mercier, based on the skillful positioning of geometric figures, are related to works of painting and engraving. Was she abandoning sculpture? 1956 is the date of her six-foot figure *The Multiplication of the Loaves and Fish- es* (22). It is the first of a series of similar works, occupying roughly the following ten years, composed of bronze con- volutions in space which she herself calls «linear sculptures». They are a sort of metal calligraphy in space which, encoun- tering enclosed space, establishes a valid communication between space enclosed by a sculptural form and space exterior to it. Air circulates without impediment through these open forms and space itself is an interacting element in the rhythm and movement of the whole. In these airy sculp- tures by Greene-Mercier the interior movement is communi- cated like sound waves through the alternations of the linear form which results in the final definition of the whole.

For example, in the series of bronzes numbered in order under the title of *Orpheus and Eurydice* (19, 23, 25), it would be difficult to recognize, without the aid of imagi- nation, a specific allusion to the legendary couple even acknowledging the mythic and poetic character of the conception. It is indeed the myth, the poem, that Greene- Mercier has attempted to convey through this flowering of metal full of lightness and grace. Until 1965 she stubbornly searched for an expression that would enlarge the scope of her early work with the result that from then on it would have two basic orientations: one tending in the direction of free interpretation of signs, the other towards the old density

of form but with an even greater control. This combination
has permitted her to find solutions to problems imposed by
space itself, by structure in space, by light in space, that she
either set herself or worked out in the form of sculptural
commissions. And when she later becomes obsessed with
pure geometry she will return to a lyrical conception of
form freed of all restraint, pushed even to monumental
scale, like the masterpiece of 1970, *Arboreal Form* (26).
Here vertical rigidities of bronze rise from the base to a
height of fourteen feet where they become a composition
of subtle convolutions. Installed in the midst of a grove of
trees, as it was for a year in the Parc Floral of Paris (1973),
this remarkable work with the stiff trunks rising from the
ground and its unfurling forms at the top, becomes one and
yet not one with the trunks and the branches of the trees
around it. Each element of the entire composition is based
on the life of nature and a sense of life itself.

In this succession of «linear sculptures» Greene-Mercier
has relieved sculpture of its masses, thinning it, stretching it,
emptying it, turning upside down any former ideas she may
have imbibed at one time concerning weight, thickness,
and stability. These undulations in metal mix and seem to
tangle, rise again, fall and twist like the great vines of the
jungle, as if the bronze tree created by a human hand and the
trees of nature join amicably in a common destiny. I think of
two striking lines by Charles Peguy:

And one cannot perish but the other also die.
And one shall not survive but give life to the other.[6]

Here the interior pulse communicates with space outside the
form by means of the circulation of air between the bronze
sections, rendering a strong impression of dynamism, of light,
and unhampered movement, with a dramatic tension that a
small deviation could upset were the artist not constantly
watchful to stop short of a distasteful exuberance.

27. 1966. **SÉRIE CIRE UNIQUE: BUISSON ARDENT III**
bronze, h. 26 cm.

Soon after the «linear sculptures», that is, in 1965, Greene-Mercier undertook a series of assemblages called *Container Compositions* (8) and others called *Perugina Compositions* (9) that she executed in bronze on bases of bronze and stainless steel. This series was interrupted with smaller unique works in direct wax (27) and direct welding in several metals called *Burning Bush* (28). The tube forms, the cylinders, the parallellograms of the *Container Compositions* and the *Perugina Compositions* refer to manufactured objects which these works assemble in a metaphoric exercise that juxtaposes the human intellect and the machine. Just as these works impose themselves on the viewer with a solemn and contained strength, the flowers, leaves, and fruits cut out of wax in the case of the cast bronze *Burning Bush Series*, or suggested by small metal ready-made forms in the case of the welded pieces, give a feeling of joyous ease and happy fantasy as if the sculptor had amused herself with these subtle allusions to figurative subjects. Since 1967 Greene-Mercier has devoted herself particularly to architectural sculpture.

VII

Like the architect who organizes the total body of a projected building by the knowledgeable disposition of its elements of construction — pillars, vaults, pediments, walls, etc. — by their relationships, spacing, proportions, Greene-Mercier employs an analogous geometry when she wishes to create a monumental sculpture. What inspirations, what train of thought, has led her to assemble in works of considerable scale, primary geometric forms, mostly of cubes, but also of cones? The *Container Composition of One Thousand Cones* (10) in bronze of 1968 and the monolith of five hundred cones exhibited in the Salon de Mai of 1976 (49) remind one of the accumulations of certain French neo-realists even though there is a distinct difference which I have already mentioned. When Arman uses manufactured objects or waste metal products from industry, he appropriates the real object as it exists. He confronts in a primarily objective way the units produced by a modern technology. Nothing of this in Greene-Mercier's case, no preconceived adherence to a naturalistic point of view, no vestige of a fetishistic attachment to «junk culture». She is no more brushed by the new European realism than by the American wave of pop art. Rising by arduous mental effort to the realm of numbers, straight lines, studied plans, and geometric solids, she creates a personal, unambiguous, abstract work of invention.

These last few years she has chosen the cube as the essential element, if not the only one, in her constructions destined on the whole for urban development installations. To her first experiment in 1967 she gave the title *Composition for Urban Complex* (30). On one side of a vertical axis she mounted two perfect cubes of painted plywood and on the other side three identical cubes that make a broken arch to the height of fourteen feet. Photographed against the Chicago skyscrapers of another era the sculpture adapts itself quite naturally to their vertical lines towering upward.

Arboréal Form (4,16) rises in quite another environment. This time four cubes in painted steel in pairs are disposed on either side of a central pillar also carrying two cubes. This sort of gigantic three-branched candelabra eighteen feet high stands near the sea at Port-Barcarès. It is an imperious monument imbued with a kind of impertinent logic, reared against the immensity of sea and sky. It has the look of a sentinel mounting guard at the edges of eternity. In this case it is the uncompromising interjection into the landscape of pure and unequivocal geometric form, that gives this important work its significance. The great tension in its upward thrust surging against the downward implications of the obvious weight of its cubes, acts as a kind defiant message flung at the powers of nature, ignorant of, and indifferent to, the new age already begun.

Greene-Mercier has carried further her lucid passion for architecture. In 1972 she executed a composition of twelve cubes composed on eight separate touching bases that in 1976 was intalled at Grinnell College, Grinnell, Iowa (5). In 1974 four units of three cubes each in painted plywood formed a startlingly impressive block composition fourteen feet high (6). The same year she produced maquettes for several fifteen-foot sculptures to be placed at intervals on the grounds of a de-urbanized industrial plant with land around it (38). These consist of full cubes alternated with cubic spacings, monoliths lifting up their right angles justified by geometric computations as well as a desire for elegance. For the art of the sculptor is able to submit itself to the most exacting geometrical rule and yet endow the result with distinction and grace. Greene-Mercier has given us many proofs of this, such as the *Composition in Ten Cubes* (29) in stainless steel about ten feet high. Even more convincing are certain works of lesser size like the two assemblages of 1971, one in painted steel (39) and the other in baked enamel on steel (11). These are open cubes surperposed one on the other in apparent disorder and a very agreeable imbalance. They are fragile and unstable combinations that would be meaningless if the practical ingenuity of the technician were not joined to the inventive mind of the artist. To be noted also is the study of 1973 in styrofoam for a multicube composition (37) where the effects of light and shadow add seductively to the successful juxtaposition of many volumes at right angles to one another.

Cubes and more cubes! Is Greene-Mercier a «cubist» sculptor in the sense that the word was understood in 1914, the year that produced the *Penguins* of Brancusi, *The Woman with Fan* of Laurens, *The Absinthe Drinker* of Picasso, the *Sailor with Guitar* of Lipchitz, the famous *Horse* of Duchamp-Villon, five master works that were to preface all the sculpture to come at least to the end of the second world war? Now this Cubist sculpture was no more made of cubes than the painting called «Cubist» between 1908 and 1914. Both proposed the total representation of the object without prevarication and without imitative realism. «Cubist» painters and sculptors were trying to replace actual contours. surface modelling, and momentary values by edges, angles, planes, unified in an architecture intellectually conceived. It should not be forgotten in this context that the name «cubist» was born of an inconsidered witticism without any precise meaning.

Be that as it may Greene-Mercier is in no way a «cubist» sculptor as the term is used by the art historian. But she is the only sculptor that we see today who uses the cube, not with a realistic intent, that is, rendering the object itself in totality, but as a unit in a language. She uses it as a word essential to a purely abstract text even though the cube is related to reality in the sense that the cone, the cylinder, the sphere, occur everywhere in nature as the genius of Cezanne well apprehended.

In the case of the multicubes of Greene-Mercier an interior force seems to throw them upward as the sap of the tree moves upward and assures its growth. When she sets them on powerful bases as in the *Four Units for Urban Complex* (6) it is because she is seeking for an effect of calm and solidity in the manner of the ancient monolithic builders in Egypt, in Mexico, and Peru before the Conquest. More often it is a narrow base as in *Arboreal Form* at Port-Barcarès (4, 16) and *Composition for Urban Complex* now in Detroit (30).

One of the characteristic traits of Greene-Mercier is the return, intermittently, to the same form, linear in the series of *Orpheus and Eurydice* (25), cylindrical in that of the *Containers* (8), or as we have just seen, cubic, in order to submit it to further simplifications, transformations, and new arrangements. In her case one cannot speak of a chromatic evolution like that of a composer proceeding with a succession of half tones. Her dream is to rival the architect, to modify, as he does, but with her own plastic means, the space in which we live and breathe. While her linear sculptures relate to gardens and public parks, her majestic assemblages of cubes incorporate without difficulty with the urban environment. In some cases, rather than this obvious harmony, it is the sense of contrast that prevails. In *Arboreal Form*, 1971 (4) it is the contrast of form with environment that counts. Here the strictly geometric structure is in contrast with its natural setting of immense arched sky and the horizontality of sea and beach at Port-Barcarès. In the case of the *Sculpture Signals in a de-urbanized Setting* (38) it is the open landscape in which they alone stand upright, that imposes the contrast.

Greene-Mercier indeed eschews preconceived notions not related to immediate exigencies, all theories no matter how knowledgeable, all systems no matter how ingenious. Her small welded works of 1967 testify that she can find diversion and relaxation on occasion and that she is not above toying with the leaves, fruits, and flowers of nature. It may be for like reasons that she uses polychromy sometimes on her bronze, her steel, her wood. Does she use colour only to neutralize the austerity of certain of her conceptions or is it to avoid certain otherwise uncontrollable variations of light as has been the case with Laurens and Archipenko? Probably both reasons are correct. For a change of pace she seems also to have been attracted at various moments of her career with an art other than hers, though related to it. We mean painting, drawing, and graphic work. This attraction is apparent in the series of collages[7] and reliefs pretty well continuous since 1946 and the publication in Trieste in 1969-1970 of three small volumes each containing one hundred drawings of Trieste, Salzburg, and Venice.

IX

I have tried to define the place of Marie Zoe Greene-Mercier in modern sculpture, first of all in her relation to American and European sculpture and secondly in her relation to the major orientations of contemporary sculpture in general. I have thought that such confrontations could project in a clear light the characteristics of a personality that captures attention and a sense of the progression of this artist in spite of the extreme variety of her work. Rather than an indication of a hesitant or inconstant character, this variety is the sign of a strong temperament, of an indomitable tenacity which can allow extravagances, sudden changes of direction, even contradictions, as are often found among the inventive in other fields and among many researchers.

This is a work full of diversity and the unexpected but in which unity is assured by an inspiration which draws its sources, not from romanticism, nor the baroque, and still less from the literature companion to surrealist painting and sculpture. Nothing is more removed from her than rhetoric, persuasion. Even in her monumental sculptures she avoids excessive emphasis and the exaggerations of uncontrolled expressionism. The fact is that her association with the Chicago Bauhaus marked her deeply. Contrary to so many of her contemporaries she has no ambition to express the horror of living or the anguished apprehension of the future in convulsive forms. She prefers toughness and austerity to the excesses of the undisciplined mind or the annoying vagaries of the current aestheticism. To the laconic and concise statement, to the tense vigor of her creations, it pleases her to be able to add the caprices of fantasy and even at times a witty humour in order to give them, not the accoutrements of the picturesque and the over-rich, but the smiling grace of tenderness and the supreme elegance of paucity. Whatever discipline Marie Zoe Greene-Mercier may accept for herself, she refuses in any case to become a slave to it. She knows that liberty is not the enjoyment of ease but the enjoyment of rigorous challenge.

Ever tempted to move forward into another adventure of the imagination, always hoping to find there the final synthesis of her art, she brings us, in the midst of the great troubles of our period, both from the New World and the Old, the fresh vitality of the one and the long experience of the other.

* * *

28. 1967. **ARBRE**
soudure directe, acier, laiton, cuivre, h. 35 cm.
Col. G. P. Gillespie, Springfield, Illinois.

GREENE-MERCIER

I

Für das Verständnis des Werks und der Persönlichkeit von
Marie-Zoe Greene-Mercier ist es unerläßlich, etwas über ihre
Herkunft zu erfahren. Als Kind französischer Eltern wurde sie
in Madison, Wisconsin, geboren, in Cambridge, Massachusetts,
wuchs sie auf, zweisprachig: Sie sprach französisch noch frü-
her als englisch. Die Jahre bis 1961 verbrachte sie vorwiegend
in den Vereinigten Staaten, die Jahre seither hat sie abwech-
selnd in Europa und Amerika gelebt.

So kann es nicht überraschen, in ihrem Werk etwas von der
Eigenart beider Länder zu finden: den Ideenreichtum, die Bewegung, den ungestümen Drang nach Befreiung von alten Formen, die Kühnheit der Einfälle aus Amerika; aus Frankreich
die altüberlieferte Hochachtung für jene Grenzen, die der Ver-
stand setzt. Der klassische französische Ordnungsgeist ist in
ihren Werken ebenso lebendig wie die amerikanische Lust am
Abenteuer, am Neuen. Man kann weder von einer amerikanischen Bildhauerin sprechen, die sich dem französischen Einfluß unterworfen hätte, noch von einer französischen, die die

Eigenart amerikanischer Mentalität assimiliert hätte. Sondern in den Arbeiten von Marie-Zoe Greene-Mercier finden sich ererbte und erlernte Tendenzen: Das eine Mal mögen die ererbten überwiegen, das andere Mal die erlernten; im vollendeten Werk jedoch finden beide ihren Ausgleich. Um zusammenzufassen: Der Reichtum ihrer Künstlernatur wird — um ein Wort von Paul Valéry zu gebrauchen — gerade durch ihre Verschiedenheiten noch gesteigert.

Wie so viele amerikanische Künstler und Schriftsteller hat auch sie verschiedene Tätigkeiten ausgeübt: Sie arbeitete als Journalistin, Museumspädagogin, 'sie lehrte Französisch und hielt Vorträge. Sie hatte bereits Unterricht in Malerei und Zeichnen gehabt, als sie 1937—1938 unter Moholy-Nagy und Archipenko am New Bauhaus in Chicago studierte. Später wurde sie mit Jacques Lipschitz bekannt, als sie in derselben Gießerei wie er, nämlich in der Modern Art Foundry in Long Island, ihre Arbeiten ausführte. Unter dem Eindruck der während des Hitlerregimes aus Europa emigrierten Künstler legte sie ihre eigenen Ziele fest, unter diesem Eindruck führte ihre künstlerische Entwicklung zu ausgeprägten zeitgenössischen Ausdrucksformen. So konnte sie ihre Begabung in dieser Richtung weiter entfalten, ohne Zeit zu verlieren bei der Verfolgung der Richtlinien, die klassische Geltung in einer Epoche gehabt hatten, deren letzte geniale Repräsentanten Rodin und Maillol gewesen waren.

Der Drang zu neuen ästhetischen Werten und deren Ausdruckskraft mit neuen Mitteln der Gestaltung und Technik fand bereits seinen Niederschlag in den Arbeiten von Moholy-Nagy, Archipenko und Jacques Lipschitz, als Marie-Zoe Greene-Mercier ihre künstlerische Laufbahn begann. Die Arbeiten und Untersuchungen dieser Künstler basierten in erster Linie auf kubistischen Theorien in bewußtem Einklang mit anderen Neuerern wie Naum Gabo und dessen Bruder Pevsner, Laurens, Csaky, Brancusi und natürlich

Picasso, dessen Mut und Initiative dem erregenden Abenteuer der abstrakten Kunst den Weg bahnen sollte. Greene-Mercier hatte das große Glück, Zeugin des radikalen Umwandlungsprozesses innerhalb der bildenden Künste zu werden, welcher letztlich Grundlage einer neuen, weltweiten Kunstrichtung werden sollte, noch bevor sie selbst an diesem Erlebnis aus eigener Erfahrung teilhatte. Es ist erstaunlich, wie in nur wenigen Jahren die jahrhundertealte Kunst der Nachbildung von einer Generation entschlossener Revolutionäre aufgehoben und beiseite gefegt werden konnte, ohne daß man sich dabei im Dickicht nutzloser Theorien verfing und verlor. Allein ihrer Intuition folgend schufen sie einen Raumbegriff, der im Prinzip und im Mittel der Verwirklichung völlig anders war wie der seit langem gültige. Schon bei den Griechen des 5. vorchristlichen Jahrhunderts stand die Mimesis, die Nachahmung der Natur, im Mittelpunkt bildnerischen Schaffens. Der Bildhauer Pythagoras aus Rhegium verwandte größte Sorgfalt auf eine peinlich genaue Nachbildung von Muskeln und Adern im Marmor. Während der Renaissance dienten Vasari die gleichen Kriterien für die Beurteilung zeitgenössischer Werke; jene, die in ihrer Darstellung der Natur am nächsten kamen, ernteten sein höchstes Lob. Zwischen Phidias oder Polyklet und Canova oder sogar Carpeaux läßt sich nur ein geringer Wandel in der Entwicklung aufzeigen, obwohl seit dem Höhepunkt der hellenischen Kultur bis hin zu den letzten Erscheinungsformen der Renaissance 2000 Jahre vergangen waren. Knappe 25 Jahre trennen Carpeaux und die Wegbereiter moderner Bildhauerei.

In seinem Buch *Face au néant* macht Arthur Koestler deutlich, daß die kumulative Entwicklung in der Kunst zu tun hat mit der Zunahme technischer Fähigkeiten und nur dann als „Fortschritt" bezeichnet werden kann, wenn ein Kunstwerk unter dem Gesichtspunkt technischer Perfektion beurteilt wird.[1]

29. 1972. **COMPOSITION DE DIX CUBES**
   acier inoxydable, h. 2 m. 80.
   maquette 1/7, acier inoxydable, échelle 1—10
   Col. Grinnell College, Grinnell, Iowa.

Die Umwälzung, die sich im 20. Jahrhundert auf ästhetischem Gebiet vollzog, stellte jedoch nicht nur die technischen Möglichkeiten, sondern den Begriff der Kunst allgemein und den der Skulptur im besonderen aufs äußerste in Frage. Daß dem Betrachter, statt einer mehr oder weniger überzeugenden realistischen Darstellung der äußeren Erscheinungswelt, heute die absolute Wirklichkeit, die Wirklichkeit an sich dargeboten wird, daran ist nicht zu zweifeln. Und dies kennzeichnet auch Greene-Merciers Einstellung. Für sie gilt, was Henri Focillon treffend darlegte, daß nämlich die Bildhauerei den Raum ausmißt und darstellt aufgrund einer inneren Logik, einer Dialektik, die mit sich selbst in Einklang steht.[2]

Für sie ist Bildhauerei, die Plastik, das Ergebnis kreativer Prozesse und nicht Resultat einer Nachahmung, was jedoch durchaus nicht gleichbedeutend ist mit Mangel an Disziplin oder fehlendem Maßstab; nur ist der Maßstab ein augenblicklich gültiger, die Disziplin eine selbstauferlegte statt willkürlich durch die Umwelt diktiert.

Natürlich waren neue Techniken und Materialien Greene-Mercier nie gleichgültig. Seit Jahrtausenden verwendeten die Bildhauer Terrakotta, Stein, Holz, Kupfer, Bronze, die Griechen Marmor, die Babylonier und Perser glasierte und gebrannte Ziegel. Erst seit relativ kurzer Zeit stehen ihnen auch andere Materialien zur Verfügung. So wurde zum Beispiel geschmiedetes und geschweißtes Eisen, welches lange als Material zur Herstellung von Gebrauchsgegenständen betrachtet wurde, kennzeichnend für die Arbeiten von Julio Gonzales. Moholy-Nagy brachte es zu höchster Meisterschaft in der Verarbeitung von rostfreiem Stahl und Glas. Gabo verwendete neben Glas Stahldrähte, Kunstharz und Zelluloid. Nachfolgende Künstler zögerten nicht, Nylon, Polyester, Plexiglas, Eisenschrott und sogar Textilien und Pappe zu benutzen. Nicht selten wurden Werke aus Bronze, Walzeisen, Stahl und

Holz noch zusätzlich bemalt. 1950 und 1974 schuf Greene-Mercier Reliefs aus Gips mit Bindfaden und Stoff *(14, 15)*, 1967 und 1976 entstanden Arbeiten aus Alabaster, rostfreiem Stahl *(29)* und gebrannter Emaille auf Stahl *(39)*. Die besonderen Materialeigenschaften von Bronze *(7)*, rostfreiem Stahl *(29)* und bemaltem Preßholz *(5, 6)* machte sie sich bei den Monumental-Skulpturen zunutze. Diese entstanden zusammen mit einer Serie ungewöhnlicher, direkt in Wachs modellierter Arbeiten *(27)*, den Kompositionen der *Container-Series (8)*, der *Perugina-Series (9)*, den *Kuben (11)* und *Kegel-Kompositionen (10)* und den mehrflächigen Collagen aus Papier, Bindfaden, Wellpappe und Stoff auf Glas *(12, 13, 50)* oder Leinwand *(14, 15)*.

Sie sollte es zur Meisterschaft in der Metallverarbeitung bringen: Sie schob ihre künstlerischen Skrupel beiseite und erwarb von einer Chicagoer Gewerbeschule ein Zeugnis als Industrieschweißerin. Auch zum Porträtieren bot sich ihr Gelegenheit. Von diesen Aufträgen sind besonders die Büsten der Schauspielerin Dame Judith Anderson, des Juristen Luis Kutner und des Dirigenten Rudolph Ganz hervorzuheben. In diesen Arbeiten kam es zu einer gelegentlichen Begegnung mit dem Gegenständlichen, neben den Untersuchungen auf abstraktem Gebiet. Greene-Mercier hatte zu dem Zusammenspiel des Gegenständlichen und des Abstrakten, des Naturalismus und der Imagination bereits eine eigene Beziehung entwickelt. Um eine Nachahmung der Wirklichkeit im Sinne einer Imitation, als Selbstzweck, ging es ihr jedoch weder bei den Porträtarbeiten noch bei den kleinen Skulpturen aus verschiedenen zusammengeschweißten Metallen mit unverkennbar gegenständlichen Zügen.

II

Es war von der Zugehörigkeit Greene-Merciers zur französischen Kultur die Rede. Man sollte jedoch nicht in den Feh-

ler verfallen zu glauben, in einem Teil ihrer Arbeiten zeige sich nun das europäische Erbe, während der andere Teil inspiriert sei durch das Land ihrer Geburt, ihrer Heirat, das Geburtsland ihrer Kinder. Wir leben in einer Zeit, in der neue Ideen und Denkansätze so schnell Verbreitung finden, daß kein Land spezifische, nur ihm zugehörige Formvorstellungen hat. Die Entwicklung technisch und wissenschaftlich orientierter Gesellschaftsformen in weiten Teilen der Erde findet ihren Niederschlag auch im Universalismus der Künste. Schon 1951 schrieb Pierre Francastel: „Ob diese neue Koine, diese gemeinsame Sprache des Bildnerischen und der Technik eines Kulturkreises ein neues Zeitalter einleitet, in dem die moderne Formgebung assimiliert wird und auf weitester Basis Verbreitung findet, wie wir es aus der hellenischen und römischen Kulturepoche kennen? Wird es in Zukunft zu einer Erneuerung kommen, wenn überall ein bestimmter Bewußtseinsstand erreicht wurde? Oder ist es vielmehr das materielle Wachstum der westlichen Welt, welches auf andere, bisher in sich gefestigte Kulturen übergreift, ist der zunehmende Materialismus Vorbote einer beginnenden Zerstörung dieser gemeinsamen Sprache, bevor sie jenen anvertraut wird, die sie nicht beherrschen lernten? Das muß jeder für sich selbst beantworten." Und Francastel fügt hinzu, daß noch nie seit der uns bekannten Entwicklung der Kulturen des Mittelmeerraumes die Welt eine derartige Übereinstimmung im Denken und Handeln sah, die sich entsprechend auch in der bildnerischen Wiedergabe und Darstellung der äußeren Welt manifestierte.[3]

Trotz allgemeiner Verbreitung der bildnerischen Formsprache und einer unvorhergesehenen Entwicklung, die volkstümlich bedingte Eigenschaften verwischte, sind es jedoch die individuellen Manifestationen, die die Phasen schöpferischer Ausdrucksmöglichkeiten festhalten wie überhaupt alles menschliche Wirken auf höherer geistiger Ebene. Wenn es so ist, daß das Werk Greene-Merciers ein Produkt Amerikas wie

30. 1967. **COMPOSITION POUR COMPLEXE URBAIN**
contre-plaqué peint, h. 4 m. 50.
Col. Smith, Hinchman & Grylls, Archs. Detroit.
maquette intermédiaire, fer peint sur acier inoxydable.
h. 2 m. 50. Col. Ca'Pesaro, Musée d'Art Moderne, Venise.

auch im gleichen Maße Europas ist, wenn es sich dem Kunstempfinden beider Kontinente öffnet, so spiegeln sich darin persönliche Entscheidungsprozesse, individuelle, bewußte und intuitive Werturteile, sowie technische und spekulative Möglichkeiten ihrer Epoche wieder. Einer Epoche, die dem Sujet, der Anekdote und historisch-literarischen Bezügen glücklicherweise nicht auf Kosten ästhetischer Werte den Vorzug gibt.

Greene-Mercier schuf, durch ständiges Bedürfnis nach Verwirklichung kreativer Vorstellung und mit ungewöhnlicher Ausdrucksfähigkeit, Werke von außerordentlicher Vielfalt, jedes einzelne von gleicher künstlerischer Integrität. Dabei könnte der Eindruck entstehen, sie besitze keine eigene Richtung; man könnte meinen, sie folge jedem Anreiz, sei jedem zeitbedingten Einfluß zugänglich, um ihn das eine Mal in abstrakte Zeichen, das andere Mal in konkrete Gegenstände umzusetzen; als gestalte sie spielerisch horizontale und vertikale Ebenen, Monolithen und vielformige Volumen, blockhafte und durchbrochene Formen, konkave und konvexe im Wechsel, um so deren Gegensätzlichkeit aufzuzeigen; als verwende sie strengste geometrische Formen einerseits und in freier Gestaltung gegossene und zusammengeschweißte Metalle andererseits. Es sind heute der künstlerischen Ausdrucksmöglichkeit keine Grenzen gesetzt, alles ist erlaubt und möglich. Verschwunden sind die strikten, traditionsgebundenen Richtlinien der Bildhauerei in bezug auf Oberflächengestaltung, Taktilismus, Volumengestaltung und Schwere. Die alten Vorschriften haben sich überlebt. Archipenko veränderte das Relief, indem er konkave mit konvexen Elementen vereinte und hinzufügte. Lipschitz durchbrach die blockhafte Masse, höhlte sie aus und ersetzte Dichte durch Arabeske. Gabo und Pevsner schufen eine neue Form der Plastik, in der Licht und Schatten der verschiedenen Elemente Teil der Gesamtgestaltung wurden. Henri Laurens, den die Beziehung zwischen Raum und Volumen vorrangig beschäftigte, verankerte mit seinen Holz- und Stahlkonstruktionen, seinen mehrfarbigen Steinskulpturen die Masse fest im Raum. Henry Moore sah den Raum als eine Kraft, für ihn sind Form und Raum ein und dasselbe. Durch Calder, der Form als Kontur betrachtete, und der seine genialen Konstruktionen aus Metalldrähten und -flächen im Raum schweben ließ, entwickelte der Raum eine unerwartete, einzigartige Eigendynamik. Und es gab nichts, womit der Bildhauer Picasso nicht experimentiert hätte; er sah alles voraus.

Wenn das überhaupt erforderlich wäre, könnte Marie-Zoe Greene-Mercier auf derartige Vorbilder hinweisen, um die gewagtesten ihrer Versuche zu rechtfertigen. Sie lebt inmitten eines Erfahrensreichtums und einer sprudelnden Ideenfülle, in denen sich ihrer Kunst unbegrenzte Möglichkeiten auftun. Elemente der neuen Gestaltung sind der leere Raum, die transparente Struktur, die über sich hinauswachsende Form, Häufung und Verdichtung, das Nebeneinander beweglicher, schwankender und sich verändernder Formen, massiv und schwer — vieles ist der Maschine entlehnt und manches eine Parodie auf sie, alles jedoch ist Bestandteil einer neuen Sprache. Es sind neue Begriffe und Arbeitsweisen, die noch vor hundert Jahren unvorstellbar waren und die die alten Vorstellungen von Bildhauerei völlig umwarfen.

Die moderne Bildhauerei gründet sich auf eine ganz neue Beziehung zu Raum und Form, gleich ob es sich dabei um die Darstellung menschlicher Formen handelt, ob die Skulptur statisch oder kinetisch ist, sich oberhalb oder unterhalb der Augenhöhe entfaltet. Der Künstler kann den Raum nach seinen eigenen Wünschen modifizieren, ihn bestimmen und festlegen, er kann sich mit ihm identifizieren. Die Hauptmerkmale moderner Plastik bestehen darin, daß der Künstler bei der Gestaltung seiner Werke von der Gebundenheit an die feste, blockhafte Masse befreit ist; er modelliert Raum

und Volumen und gibt dabei den einfacheren, gröberen und auch gebrauchten Materialien gegenüber den kostbaren den Vorzug. Je nach Erfordernis tut das auch Greene-Mercier. Bewußt weicht sie konventionellen Einflüssen aus, ihre Gestaltungselemente sind Raum und volles Volumen. Sie arbeitet mit Metall, ohne dabei auf Materialien wie Holz oder Stein verzichten zu müssen. Welche Materialwahl sie auch trifft, nie verliert sie dabei das Hauptziel aus den Augen: das Handwerkliche mit dem permanenten geistigen Anspruch in Einklang zu bringen.

III

Obwohl die beabsichtigte Aussagekraft einer Arbeit erst die Voraussetzung für eine bestimmte Materialwahl ist, scheint Greene-Mercier für Stahl und Bronze eine besondere Vorliebe zu haben. Sie hat Stunden an der Werkbank verbracht mit Schweißgerät und Schneidbrenner, *(40)* die sich den alten Werkzeugen des Bildhauers zugesellt haben. Der moderne Bildhauer lötet und schweißt, verwendet elektrolytische Verfahren und Kompressions-Methoden und arbeitet mit dem Schneidbrenner, er gebraucht — und mißbraucht auch wohl — Werkzeuge und Arbeitsweisen, die seine Vorgänger mit Entsetzen erfüllt haben würden; und wenn ihm seine Vorstellungskraft davonläuft, werden in fieberhafter Tätigkeit Metallplatten verdreht, zerrissen und gespalten. Es ist wichtig, hervorzuheben, daß Greene-Mercier nie die Kontrolle über sich verliert und der Versuchung des Zufalls, der Verwirrung durch eine überschwengliche Phantasie nicht zum Opfer fällt. In allen Stadien der Arbeit ruft eine angeborene Achtung für die Kunst ihre wache Aufmerksamkeit hervor, zügelt ihre kreativen Impulse und bewahrt sie davor, das Material und seine inhärenten Eigenschaften zu mißachten. Fachgemäße Materialbeherrschung mit künstlerischer Aussagekraft in Einklang zu bringen, hat stets vorrangige Bedeutung für sie gehabt.

90

32, 33. 1974. **QUATRES UNITÉS POUR COMPLEXE URBAIN** (6), détails. contre-plaqué peint, h. 4 m. 50.

Um sie herum mag es viele geben, die die Form zerteilen, zerschneiden, sie zerstören oder ihr mechanische Bewegungsabläufe in einer harmonielosen Komposition geben: Manche mögen geometrische Gestaltungselemente verwenden, die auf deprimierende Weise Kälte und Erstarrung zum Ausdruck bringen; wieder andere mögen miteinander unvereinbare Elemente fragwürdiger Provenienz zusammenfügen, ohne dabei im geringsten auf Feinheiten der Proportionen und des Gleichgewichtes zu achten, falls sie nicht gar so weit gehen, irgend einen Gegenstand zum „Kunstwerk" zu erklären. Überall besteht hier ein Bruch im Dialog zwischen Wirklichkeit und Vorstellungskraft, es fehlt der Kommunikationsfunke, der Sichtbares mit Unsichtbarem verbindet. Diesen Dialog um jeden Preis und mit allen Mitteln herzustellen und aufrechtzuerhalten, gleich welche Risiken sich damit auch verbinden mögen, gilt Greene-Merciers ganzes Bestreben. Vielleicht stellt sich darum auch alsbald eine unmittelbare Beziehung zu ihren Arbeiten ein, selbst wenn diese anfänglich verwirrend oder beunruhigend auf den Betrachter wirken; man gelangt zu der Erkenntnis, daß eine jede einem Ordnungsprinzip von fast biologischer Bedeutung unterstellt ist, in uns erwacht ein Bewußtsein für die ursprünglichen Zusammenhänge alles Lebendigen. Diese Skulpturen berühren, erstaunen, erfreuen. Ihre Entstehung ist gewollt und geplant, alles an ihnen ist künstlerische Intention. Sokrates soll einmal gesagt haben, wenn man von allen Künsten die Kunst des Abwägens, des Messens und des Berechnens wegnähme, bliebe wohl wenig übrig. Klare Vorstellung und fester Wille allein genügen jedoch nicht, um ein Kunstwerk zu schaffen. Verfügte Greene-Mercier nur über diese beiden Voraussetzungen, so würde ihren Arbeiten die persönliche Aussage fehlen, sie wären wie Laute einer stummen Sprache, Töne einer unhörbaren Musik; sie würden zu Produkten einer sinnlosen Abstraktion, zu unfruchtbaren Betrachtungen, bewahrte sie davor nicht eine ausgeprägte künstlerische Sensibilität. In den geraden und geschwungenen Li-

34. 1967. MAQUETTE POUR SCULPTURE MONUMENTALE
bronze, h. 28 cm.

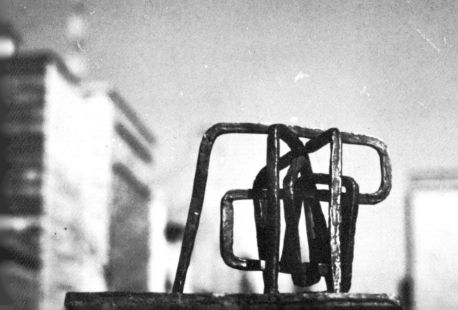

nien, den flachen und schrägen Ebenen, im Volumen oder der Illusion eines Volumens, in dem Kontrast von Licht und Schatten darf man nicht das Bedürfnis nach Selbstdarstellung, sondern nach Kommunikation sehen.

IV

In den dreißiger Jahren erhielt die amerikanische Bildhauerei bedeutende Impulse aus Europa. Der Pariser Gaston Lachaise und der Russe Archipenko sollten zur Verbreitung der anti-akademischen Bewegung beitragen, die durch Alexander Calder besonders deutlich gemacht wurde. Calders Kunst kam aus dem Kubismus von Picasso und Gonzales, wie die Kunst von Man Ray sich ableitete aus dem Dadaismus, den Marcel Duchamp nach New York gebracht hatte. Die Erneuerung der amerikanischen Bildhauerei vollzog sich jedoch in den Jahren zwischen 1940 und 1960, unter dem Einfluß der Ideen der immigrierten Künstler, die vom Hitlerregime aus Europa vertrieben worden waren: Moholy-Nagy vom Bauhaus, die Konstruktivisten Gabo und Pevsner, der Kubist Lipschitz. Aus dieser Quelle empfingen der ausdrucksstarke David Smith, der Autodidakt Lippold, Lassaw und Ferber und viele andere bedeutende Impulse. Sie alle traten für die Metallverarbeitung und Gestaltung mit offenen Formen ein und schufen einen typisch amerikanischen, expressionistischen und abstrakten Stil; hingegen wurden Künstler wie Roszak, Kiesler oder Mary Callery stark durch den Surrealismus beeinflußt, der in den Vereinigten Staaten hauptsächlich durch Max Ernst vertreten war.

In den sechziger Jahren, als sich die Grenzen des abstrakten Expressionismus abzuzeichnen begannen, bildete sich in einer Gruppe von Malern wachsender Widerstand in einer neuen Kunstrichtung, die bald unter der Bezeichnung ,,Pop Art'' Verbreitung finden und sich auch auf das Gebiet der

35. 1969. **MAQUETTE POUR SCULPTURE MONUMENTALE**
bronze polychromé, h. 15 cm.
Col. E. Jackson Hall, Boston.

36. 1969. **MAQUETTE POUR SCULPTURE MONUMENTALE**
bronze, h. 16 cm.

Bildhauerei erstrecken sollte. Es handelte sich dabei um eine Rückkehr zum Gegenständlichen, genauer gesagt um die Darstellung einer technisierten, urbanisierten und kommerzialisierten Umwelt. Die Arbeiten aus Fragmenten verschiedenster Gegenstände und Abfallprodukten zeigten eine Verwandtschaft zu Marcel Duchamp, und so nannte man Pop Art manchmal auch „Neo-Dadaismus". Sie schien mehr Skulptur als Malerei zu sein, jedoch eine standardisierte und auf einseitige Wirkung bedachte. Oldenburgs Kunststoffnachbildungen von Eßwaren, Segals Gipsabdrücke menschlicher Figuren sind in der Tat dreidimensionale Objekte, Skulptur reduziert auf die Wiedergabe des alltäglichen, erkennbaren Gegenstandes. Zu gleicher Zeit, als sich die Grenzen zwischen Malerei und Bildhauerei zu verwischen begannen, formulierte sich der „Minimalismus" von Donald Judd, Larry Bell, Tony Smith, die soweit wie möglich vereinfachte geometrische Grundformen, oft aus Kunststoffen in Verbindung mit Primärfarben, propagierten.

Was für eine Position bezieht Greene-Mercier hinsichtlich dieser divergierenden Tendenzen? Sie sah deren Entstehung und Entwicklung, aber sie identifizierte sich mit keiner. In ihrer eindeutigen Passion für die Form wäre sie nicht in der Lage, sich neuen künstlerischen Erfahrungen auszusetzen, welche weder Intellekt noch Gefühl beanspruchen. Bei der Errichtung eines monumentalen Werkes aus bemaltem Stahl verbieten Sachlichkeit und Konzentration, die gedachte Synthese, wertvollste Merkmale des Schaffensprozesses, eine gleichzeitige Identifikation mit dem unpersönlichen Schema der Minimal Art. Wenn sie tausend Kegel aus Bronze nebeneinander stellt, so nicht durch Anregung der Anhäufungen von Arman. Anstatt, wie er, Industrieabfälle zusammenzufügen, konstruiert sie mit kleinen geometrischen Formen eine große. Sie bewegt sich dabei innerhalb der Grenzen der Abstraktionen, Arman in denen des Realismus.

37. 1973. ÉTUDE POUR COMPOSITION MULTICUBES
polystirène, h. 35 cm.

Man sollte nicht in den gleichen Fehler verfallen, wie die heutigen Pädagogen es so gern tun, und alles klassifizieren, katalogisieren und registrieren zu wollen. Läßt sich ein originales Werk wie das von Greene-Mercier in eine bestimmte ästhetische Kategorie einordnen? Auf diese Frage gibt es keine Antwort, Originalität mit ihren Eigenschaften läßt sich nicht klassifizieren; klassisch, barock, lyrisch, abstrakt — sie ist keiner dieser Kategorien zugehörig und doch allen zugleich. Sie führt uns zurück in eine mannigfaltige, abwechslungsreiche Welt, die ganz ihrem eigenen Empfinden, ihrer Freude und ihrer Unruhe entspricht. Ein Oeuvre, das wie das ihre die unbegrenzten Möglichkeiten aufzeigt, welche sich durch technisches Können dem künstlerischen Ausdruck erschließen, und in dem die genuine Intuition für menschliche Wahrheiten zutage tritt, ist selten. Die Qualitäten, die in der Persönlichkeit der Künstlerin begründet liegen, sind Vorstellungskraft, Intelligenz, Aufrichtigkeit und Ausdauer.

Festzustellen, daß Greene-Mercier nicht sklavisch an ein starres Ausdrucksschema gebunden ist, besagt wenig. Sowie sie sich in der Wiederholung liegender Gefahren bewußt wird, kehrt sie der eingeschlagenen Richtung den Rücken und wendet sich Neuem zu. Durch strikte Einhaltung einer vorgefaßten Konzeption hätte ihre Kunst viel eingebüßt. Sie ist erfüllt vom Drang nach Entdeckung unbekannter Gebiete, neuen Anstößen zu folgen, ständig auf der Suche nach klarerer Ausdrucksform. Erst dann empfindet sie Befriedigung, wenn sie die Geheimnisse eines wenig verwendeten Materials ergründet, in einer einzigen Form die unermeßlichen Impulse des Lebens eingefangen und so das sie treibende überwältigende Bedürfnis nach Ganzheit und Vollkommenheit gestillt hat.

V

Es ist offensichtlich, daß die Bildhauerei in den Vereinigten Staaten weniger reich ist als die Malerei, wenn auch jene

38. 1974. **UNITÉ POUR COMPLEXE URBAIN**
devant Amerika Haus, Berlin Ouest.
prêt du Musée Bauhaus-Archiv.

von dieser einige bedeutende Impulse erhalten hat. Während der Einfluß amerikanischer Malerei sich noch über die Grenzen Europas hinaus bemerkbar machte, kann man gleiches von der Bildhauerei nicht sagen. Daher kommt den in Italien, in Deutschland und vor allem in Frankreich entstandenen Werken Greene-Merciers auch eine besondere Bedeutung zu. Vor fünfzehn Jahren war die New Yorker Schule dabei, die Pariser Schule von ihrem Platz zu verdrängen. Doch heute ist die französische Hauptstadt, die in naher Vergangenheit eine künstlerische Blütezeit erlebt hatte, im Begriff, einen wichtigen Teil ihrer Vorherrschaft auf dem Gebiet der Kunst zurückzugewinnen. So kann es nicht überraschen, wenn Greene-Mercier an den Anstrengungen und Experimenten, die in den Ateliers dieser Stadt unternommen werden, teilhaben wollte. Sie erzielte übrigens in Frankreich ihre größten Erfolge. Die „Semaines Internationales de la Femme" überreichte ihr 1968 die Silberne, 1969 die Goldene Medaille; 1975 erhielt sie beim Internationalen Festival in Saint Germain-des-Prés den ersten Preis. Dazwischen wurde im Roussillon mit Hilfe eines Staatszuschusses der französischen Regierung 1971 ihre fünf Meter hohe monumentale Plastik *Arboreale Form, 1971 (4, 16)* in Leucate-Barcarès am Strand des Mittelmeeres errichtet. Zwei Jahre später bekam sie einen zweiten Auftrag der Regierung für eine städtische Schule in Arras *(18)*. 1974 folgte ein Auftrag der Stadt Homburg/Saar für eine Groß-Plastik am Landratsamt *(17)*. Die Zahl ihrer Einzel- und Gruppenausstellungen ist wohl in Europa noch größer als in den USA.

Zum ersten Mal in der Geschichte der Menschheit berührt die westliche Zivilisation alle äußeren Einflüssen zugänglichen Völker und ist zum Muster und Vorbild einer neuen Lebensweise geworden. Es handelt sich hier nicht um eine intellektuelle und moralische, sondern um eine technologische Überlegenheit. Wie schon vor langer Zeit in Athen, Rom und Byzanz, konzentriert sich die Kunst auch heutzutage in weni-

39. 1971. ASSEMBLAGE de Cubes Ouverts de Dix Centimètres.
fer peint sur bronze, h. 2 m.

gen Städten, ganz einfach, weil sich zeigt, daß dort die besten Möglichkeiten bestehen, praktisches und technisches Wissen zu speichern. In solchen Städten findet der Künstler heute die besten Voraussetzungen zu freier Entfaltung seiner Kreativität wie auch eine Existenzmöglichkeit. Manche Künstler, wie zum Beispiel Brancusi, verachten das turbulente Leben und ziehen sich zu fruchtbarem Schaffen in eine selbstgeschaffene Einsamkeit zurück. Andere, wie Lipschitz, finden Anregung im ständigen Wechsel neuer Eindrücke und im Kontakt mit vielen Menschen. Greene-Mercier wählte, aus einer von ihr selbst nicht klar definierten Notwendigkeit heraus, die drei Städte Chicago, Paris und Rom, deren jede einen spezifischen Beitrag zu ihrem künstlerischen Schaffen leistet. Vielleicht liegt hier einer der Gründe für die überraschende Vielfältigkeit ihres Werkes. Wenn sie Impulse aus verschiedenen Quellen empfängt, heißt das nicht, daß es ihrem Werk an Geschlossenheit, Tiefe und Zusammenhalt fehlt; der einigende Faktor ist Charakterstärke, die mit einer sensiblen und geschulten Hand zusammen geht. Letztlich ist Kunst jedoch ein Geheimnis, welches sich genauer Definition entzieht, und es bleibt stets etwas, was nicht in Worten faßbar ist. Auch möchte ich mich davor hüten, ein Werk wie das ihre zu analysieren, wie man es etwa grammatikalisch mit einem Satz, chemisch mit einer Substanz tut. Aber wenn es mir auch nicht gelungen ist, hinter dem sichtbaren Bild das verborgene Bild zu entdekken, wie Gaston Bachelard es einmal formulierte[4], so habe ich doch zumindest versucht, hinter das Geheimnis der Formen im allgemeinen und das von Greene-Mercier im besonderen zu kommen.

VI

Die frühen Arbeiten Marie-Zoe Greene-Merciers entstanden in den Jahren von 1937 bis 1945; in dieser Zeit beschäftigte sie sich vorrangig mit der Vereinfachung figürlicher Formen, versuchte sie frei zu machen von der Bindung an temporäre Erscheinungsformen und so jenen Grad der Abstraktion zu erlangen, den Plato als „absolute Wahrheit" bezeichnet. Die polierten Bronzen *Numerale Form (20)*, *Mutterschaft*[5], *Mutter und zwei Söhne (21)*, *Torso*[5], die Skulptur aus Zement mit polychromer Bemalung, bezeichnet als *Eingekreiste Form*[5], zeigen eine ausgeprägte Verfeinerung der Kontur, Sensibilität für Oberflächengestaltung und Volumenbeziehungen. Das Detail, alles Zusätzliche, Überflüssige, wurde bewußt in ihrem Werk durch gezielte Reduktion in einer Art Schrumpfungsprozeß eliminiert, dabei ging die Suche nach dem Grundlegenden, Absoluten, bis ein Stadium höchster Gefühlsintensität und Ausgeglichenheit erreicht war. Wie ihre Bronze *Mutterschaft* von 1948 deutlich werden läßt, hätte Greene-Mercier ihre kreativen Energien nach innen wenden und so, durch weitere Vereinfachung, zum Archetypus der Form finden können: permanent, ewig, Anfang und Ende in sich bergend. Als sie jedoch ihre Arbeiten in Stein und Bronze fortsetzte, empfand sie nicht mehr die Unausweichlichkeit des Materialblocks, fest und in sich geschlossen, der trotz allem der Schlüssel zu so vielen Meisterwerken der Vergangenheit gewesen war. Eine andere Art der Plastik begann in ihren Vorstellungen Gestalt anzunehmen, intellektueller, geistiger, in der jedoch Intuition und freie Vorstellungskraft nicht durch ein mathematisches, dreidimensionales Konzept beeinträchtigt würde.

Rückblickend scheint es, als ob sie 1946 die gerundeten Formen und traditionellen Materialien der Bildhauerei zugunsten dreidimensionaler Reliefkompositionen und Collagen aufgeben wollte. Nach Belieben fügte sie Gouachemalerei, kleine Stoffetzen und Bindfaden diesen Arbeiten aus Papier auf Glas oder Gips auf Leinwand hinzu. Man sieht hier einige geschwungene Linien, öfter jedoch ein Spiel mit parallelen Linien, die sich zu Rechtecken und Quadraten formen und den Collagen graphischen Charakter verleihen. Die sehr schöne *Collage 14*

40. 1967. Greene-Mercier exécutant une commande pour le First Baptist Church, Chicago. ►

(13) von 1952 besteht ganz aus geraden Linien, die eine Art Schachbrettmuster bilden. Die *Collage 21* von 1954 *(50)* ist Vorgänger der Kinetik von Agam, Soto und Cruz-Diez. Eine Verwandtschaft der Collagen Greene-Merciers, die auf der geschickten Anordnung geometrischer Formen basieren, mit Werken der Malerei und Gravierkunst ist offensichtlich. War sie an diesem Punkt ihrer Entwicklung im Begriff, der Bildhauerei den Rücken zu kehren? Mit der Bronze *Die Speisung der Menge (22)* wendete sie sich erneut der Plastik zu. Diese Arbeit ist die erste in einer Reihe ähnlicher Werke in Bronze, die sich über ungefähr ein Jahrzehnt erstrecken, Skulpturen aus gebogenen Stangen, Spiralen, Torsionen, Kompositionen im Raum, die sie selbst „Lineare Skulpturen" nennt. Sie bilden, im Gegensatz zum festen Volumen, eine Art Kalligraphie in Bronze, der Raum wird einbezogen, wird Teil der Skulptur selbst, die Grenzen zwischen dem Raumvolumen der Plastik und dem sie umgebenden Raum fallen. Ungehindert durchströmt Luft die offenen Formen, der Raum wird zum Element einer wechselseitigen Beziehung, die Rhythmus und Bewegung des Ganzen ausmacht. Wie bei Rodin und Brancusi wird die Form bestimmt durch ihre inhärenten, inneren Kräfte; in diesen leichten, luftdurchströmten Skulpturen teilt sich, etwa Schallwellen vergleichbar, die Bewegung, der Drang dieser Kräfte, dem Wechsel der linearen Formen mit und bestimmt ihre Gestalt.

Beim Betrachten der Serie von Bronze-Skulpturen unter dem Titel *Orpheus und Eurydike (19, 23, 25)* beispielsweise, wäre es selbst in Anbetracht des mythischen und poetischen Charakters der Gesamtkonzeption ohne Hilfe der Phantasie schwierig, einen Bezug zu dem legendären Paar herzustellen. In der Tat ist es der Mythos, die Poesie, die Greene-Mercier hier durch die leichten, anmutigen Formen des Metalls dem Beschauer zu übermitteln versuchte. Bis 1965 suchte Greene-Mercier beharrlich nach einer Ausdrucksform, die den

41. 1969. GREENE-MERCIER, Palazzo Clary, Venise.
encre de Chine, 15 x 11 cm.
Col. Mme. Couvreux Rouché, Venise.

de gauche à droite:

42. Venise
43. Trieste
44. Athènes
45. Salzbourg
46. Istanbul

Rahmen früherer Arbeiten erweitern würde, mit dem Resultat, daß von diesem Zeitpunkt an ihr Werk von zwei wesentlichen Tendenzen bestimmt werden sollte: Das war einmal die freie Gestaltung von Zeichen, und das andere die größere Verdichtung und Strenge der Form. So wurde es ihr möglich, selbstgestellte wie auch aufgegebene Raum-Probleme zu lösen, die sich auf die Gestaltung im Raum, auf das Licht und auf den Raum selbst bezogen. Als die Idee der reinen Geometrie sie später völlig gefangennahm, kehrte sie zurück zu einer lyrischen Formenkonzeption, von allen Zwängen befreit und ins Monumentale verlagert, wie ihr 1970 entstandenes Meisterwerk *Arboreale Form (26)*, in dem sich die vertikale Strenge der Bronze vom Boden her zu einer Höhe von viereinhalb Metern erhebt und sich in kunstreichen Kurven entfaltet. Inmitten einer Lichtung aufgestellt, wie 1973 ein Jahr lang im Parc de Floral in Paris, wird dieses bemerkenswerte Werk, dessen starre Glieder aus der Erde wachsen und dessen Formen sich nach oben hin entfalten, auf ganz natürliche Weise eine Einheit mit den Stämmen und Ästen der Bäume seiner Umgebung. Jedes Element der Gesamtgestaltung entfaltet sich hier auf dem Hintergrund pflanzlichen Lebens wie allen Lebens überhaupt.

In der Reihe der „Linearen Skulpturen" hat Greene-Mercier die Plastik der Masse enthoben; sie streckte sie, dehnte sie und höhlte sie aus und stürzte dabei alle jenen früheren Vorstellungen von Schwere, Stabilität und Dichte, die sie irgendwo einmal gehabt haben mochte, um. Dieses in Metall umgesetzte An- und Abschwellen des Volumens, diese Schwingungen, scheinen sich zu verflechten, zu erheben, zu fallen, sich den Lianen des Urwalds gleich zu verschlingen, als vereine den künstlich von Menschenhand geschaffenen Baum und den der Natur eine gemeinsame Bestimmung. Mir fallen dabei die Verse von Péguy ein:

Es wird das Eine nicht vergehen, wenn nicht auch das An-

dere stirbt.
Es wird das Eine nicht überleben, wenn nicht auch das
Andere lebt.[6]

Hier steht der Puls, die Kraft des Inneren mit dem Äußeren in
Verbindung durch die Luft, welche alle Öffnungen der Form
durchströmt und den Eindruck intensiver Dynamik, leichter,
gelöster Bewegung und dramatischer Spannung erweckt, die
durch die kleinste Veränderung der Form aus dem Gleichge-
wicht gebracht werden könnte, würde nicht die ständige Aufmerksamkeit des Künstlers sie davor bewahren, in geschmack-
lose Überschwenglichkeit auszuarten.

1965, kurz nach Beendigung der Reihe der „Linearen
Skulpturen", schuf Greene-Mercier die Serie *Container Kompositionen (8)* und *Perugina Kompositionen (9)* aus Bronze
auf Sockeln aus Bronze und rostfreiem Stahl. Diese Reihe
wurde durch kleinere Arbeiten aus Wachs *(27)* und verschiedenen zusammengeschweißten Metallen, betitelt *Brennendes
Gebüsch (28)*, unterbrochen. Die Rohre, Zylinder und Paral-
lelogramme der *Container Kompositionen* und der *Perugina
Kompositionen* weisen hin auf industriell hergestellte Objekte,
die in einer Metapher die beiden Begriffe „Intellekt" und
„maschinelles Produkt" vereinen. So, wie diese Objekte sich
dem Betrachter durch die ihnen innewohnende, unbewegliche
Kraft einprägen, so erwecken die Blumen, Blätter und Früchte
der Reihe *Brennendes Gebüsch*, teils aus gegossener Bronze,
teils angedeutet unter Verwendung fertiger Metallteile, ein Gefühl von Leichtigkeit, Heiterkeit und beschwingter Phantasie,
als hätte die Bildhauerei sich erfreut an diesen feinen Andeu-
tungen des Figurativen. Seit 1967 jedoch hat sich Greene-Mercier vorrangig architektonischer Plastik zugewandt.

47. 1977, Berlin Ouest. Hans M. Wingler, Directeur du Musée Rauhaus-Archiv discute
avec Greene-Mercier les sites de sculptures monumentales possibles pour l'ex-
térieure de l'édifice définitif crée par Walter Gropius.

48. 1976, Port-Barcarès. De gauche à droite, M. Roger Cassir, directeur de l'Hotel
Lydia Playa et Mme. Cassir, Mme. Racine et M. Pierre Racine, président de la
Mission Interministérielle pour l'Aménagement du Languedoc-Roussillon, devant
FORME ARBORÉALE 1971 de Greene-Mercier au Musée des Sables. En fond
gauche, sculpture de Michaël Grossert.

VII

So, wie der Architekt einen Baukörper durch geschickte Anordnung der einzelnen Konstruktionselemente wie Säulen, Gewölbe, Giebel, Mauern etc. durch ihr Verhältnis zueinander richtig proportioniert, so bezieht sich Greene-Mercier analog auf bildnerische Geometrie, wenn sie ein monumentales Werk gestalten will. Welche Inspirationen, welche Gedankengänge waren Voraussetzung für den Aufbau von Arbeiten beachtlichen Ausmaßes in stereometrischen Grundformen, vorwiegend in Kuben, aber auch in Kegeln? Die *Container Komposition mit 1000 Kegeln (10)* in Bronze aus dem Jahr 1968 und der Monolith aus 500 Kegeln, der 1976 in Paris im Salon de Mai *(49)* ausgestellt wurde, erinnern an die Akkumulationen bestimmter französischer Neo-Realisten, obwohl sie sich sehr klar von diesen unterscheiden, wie bereits erwähnt wurde. Wenn jemand wie Arman Industrie- oder Abfallprodukte verwendet, ist der Ausgangspunkt die direkte Verwendung des jeweiligen Objektes ohne Veränderungen, er konfrontiert uns auf sehr objektive Weise mit Produkten moderner Technologie. Bei Greene-Mercier findet man nichts dergleichen, kein Sich-Klammern ans Naturalistische, keinen Fetischismus der Wegwerf-Kultur. Sie wurde ebensowenig von einem europäischen Realismus wie von der amerikanischen Pop Art-Welle berührt. In Anspannung aller geistigen Kräfte erhebt sie sich auf die Ebene der Zahlen, der geraden Linien, stereometrischen Formen und gestaltet ein persönliches, konsequentes, abstraktes und erfinderisches Werk.

In den letzten Jahren wählte sie den Kubus als Grundelement ihrer Konstruktionen, die im großen und ganzen konzipiert wurden für eine Aufstellung in städtebaulichem Zusammenhang. Den ersten, 1967 entstandenen Versuch benannte sie *Komposition für einen urbanen Komplex (30)*; auf einer Seite einer vertikalen Achse ordnet sie zwei gleiche Kuben aus bemaltem Sperrholz, auf der anderen Seite drei gleiche Kuben an, die sich in gebrochenem Bogen zu fünf Metern Höhe erheben. Inmitten der Chicagoer Wolkenkratzer einer anderen Zeit aufgestellt, fügt sich die Plastik ganz natürlich in das Bild der vertikal aufragenden Baukörper ein.

In einer gänzlich anderen Umgebung steht die Plastik *Arboreale Form 1971 (4, 16)*. Hier wurden vier bemalte Stahlkuben paarweise zu beiden Seiten einer Mittelsäule placiert, die ebenfalls zwei Kuben trägt. Wie ein dreiarmiger Riesenleuchter streckt sich die Skulptur in eine Höhe von fünf Metern. Sie steht am Meer in Port Barcarès. Das Monument, gebieterisch und von Logik durchdrungen, hat als Hintergrund die Unermeßlichkeit des Himmels und des Meeres; sie erscheint wie eine an der Schwelle der Unendlichkeit aufgestellte Wache. Der krasse Gegensatz der rein geometrischen Form und der Landschaft verleiht diesem beachtenswerten Werk seine Bedeutung. Die Spannung zwischen der sich emporstreckenden Form und der zur Erde strebenden Schwere der Kuben ist wie eine Herausforderung der Naturkräfte, die voll Gleichmut und Unwissenheit um das neue Zeitalter sind, in das unsere Zivilisation gerade eingetreten ist.

Ihre ausgeprägte Leidenschaft für das Architektonische hat Greene-Mercier noch weiter geführt. 1972 gestaltete sie eine Plastik aus zwölf Kuben auf acht einzelnen, einander berührenden Sockeln, die 1976 im Grinnell College in Iowa errichtet wurde *(5)*. 1974 entstanden vier aus je drei bemalten Sperrholzkuben bestehende Einheiten, die einen eindrucksvollen Block von viereinhalb Metern Höhe bilden *(6)*. Im gleichen Jahr entstanden auch die Modelle für eine Reihe von fünf Meter hohen Skulpturen, die in Abständen in einem außerhalb der Stadt gelegenen Industriekomplex aufgestellt werden sollten *(38)*. Es ist eine Art von Monolithen aus Kuben verschiedener Größe, rechtwinklig übereinandergestapelt im Abstand ihrer jeweiligen Höhe, deren Berechtigung im Mathematischen wie auch im Ästhetischen liegt. Denn einerseits kann die Bildhauerkunst sich strengsten geometrischen Berechnungen unterwerfen und andererseits doch eine Form hervorbringen, die sich durch Anmut und Würde auszeichnet. Dafür lieferte Greene-Mercier viele Beispiele, wie in der drei Meter hohen *Komposition aus 10 Kuben (29)* aus rostfreiem Stahl. Noch überzeugender wirken bestimmte Werke von kleineren Ausmaßen wie die zwei Konstruktionen von 1971, eine in bemaltem Stahl *(39),* die andere in gebrannter Emaille auf Stahl *(11).* Diese offenen Kuben, einander scheinbar ungeordnet überlagernd, deren Equilibrium gestört ist und die doch einen erfreulichen Eindruck hinterlassen, sind zerbrechliche, unstabile Verbindungen, die bedeutungslos wären, würde sich in ihnen nicht der praktische Erfindungsgeist des Technikers mit der schöpferischen Phantasie des Künstlers vereinen. Bemerkenswert ist auch die Studie zu einer mehrkubigen Komposition aus Styropor *(37),* in der reizvolle Licht- und Schatteneffekte zur Gesamtwirkung der verschiedenen im rechten Winkel zueinander angeordneten Volumen beitragen.

VIII

Kuben und wieder Kuben! Ist Greene-Mercier deshalb eine kubistische Bildhauerin im Sinne des Wortes von 1914, dem Jahr, in dem die *Pinguine* von Brancusi, die *Frau mit Fächer* von Laurens, die *Absinth-Trinkerin* von Picasso, der *Seemann mit Gitarre* von Lipschitz und das berühmte *Pferd* von Duchamp-Villon entstanden, fünf meisterhafte Werke, die richtungweisend wurden für die plastische Gestaltung bis mindestens zum Ende des zweiten Weltkrieges? Nun, diese kubistische Bildhauerei bestand genausowenig aus Kuben wie die kubistische Malerei zwischen 1908 und 1914. Beide hatten zum Ziel die totale Darstellung des Objektes ohne Vorspiegelungen und Umschweife. Kubistische Maler und Bildhauer versuchten, die tatsächlichen Umrisse, die Gestaltung der Oberfläche, die flüchtigen Werte des Augenblicks

49. 1975. Série **CONTENEURS: CINQ CENTS CONES**
bronze, h. 1 m. 80

durch Kanten, Winkel und Flächen zu ersetzen, in einem intellektuell konzipierten Aufbau. Man sollte in diesem Zusammenhang nicht vergessen, daß die ursprüngliche Bezeichnung „Kubisten" zurückzuführen ist auf einen Spottnamen, der keine präzise Bedeutung besaß.

Wie dem auch sein mag, Greene-Mercier ist in keiner Weise eine kubistische Bildhauerin im kunsthistorischen Sinne. Sie ist jedoch die einzige unter den heutigen Bildhauern, die den Kubus nicht in der Absicht realistischer Darstellungsweise, d. h. der vollständigen, wirklichkeitsnahen Darstellung des Objektes verwendet, sondern als Träger, als essentielle Vokabel einer rein abstrakten Sprache, obwohl diese Sprache nicht gänzlich von der Realität getrennt ist, da ja, wie es das Genie des Cézanne schon so ganz erfaßt hatte, Kegel, Zylinder und Kugel überall in den Formen der Natur auftreten.

Eine innere Kraft scheint die Multi-Kuben Greene-Merciers aufwärts zu schleudern, so wie die Säfte den Baum aufwärts treiben und sein Wachstum verursachen und sichern. Wenn sie sie auf mächtige Sockel stellt wie in *Vier Einheiten für einen urbanen Komplex (6)*, geschieht das, weil sie die Wirkung von Ruhe und Unerschütterlichkeit sucht, ähnlich den blockhaften, monolithischen Bauwerken des alten Ägyptens oder des präkolumbianischen Mexicos und Perus. Öfter noch ist der Sockel schmal wie in *Arboreale Form* in Port Barcarès *(4,16)* und in *Komposition für einen urbanen Komplex (30)*, jetzt in Detroit.

Eine der charakteristischen Eigenschaften Greene-Merciers ist die ständige Rückkehr, in gewissen Zeitabständen, zu gleichen Formen: der linearen in der Reihe *Orpheus und Eurydike(25)*, der zylindrischen in *Containers (8)*, oder wie oben angeführt, der kubischen, die sie weiterer Vereinfachung, Transformation und neuer Anordnung unterzieht. Man kann bei ihr nicht, wie etwa bei einem Musiker, von einer chromatischen Entwicklung sprechen. Es ist ihr Traum, mit dem Ar-

50. 1954. **COLLAGE VINGT-ET-UN**
papier et tissu sur verre, 18 x 14 cm.
Col. particulière, Chicago.

chitekten zu wetteifern, wie er den natürlichen Lebensraum zu modifizieren, jedoch mit ihren Mitteln plastischer Gestaltung. So, wie ihre linearen Plastiken sich in die natürliche Landschaft integrieren, so fügen sich ihre majestätischen Konstruktionen aus Kuben ohne Schwierigkeiten ein in die urbane Umgebung. Manchmal überwiegt dabei nicht der Eindruck von Harmonie, sondern der des Kontrastes: In *Arboreale Form, 1971 (4)* ist es die Gegensätzlichkeit der streng geometrischen Form mit der unendlichen Wölbung des Himmels und der Horizontale des Meeres und der Küste von Port Barcarès, bei der Skulpturen-Reihe für den außer-urbanen Industriekomplex *(31)* der Kontrast zur kahlen, flachen Landschaft, in der die vertikalen Formen, signalgleich, sich emporstrecken.

   In der Tat vermeidet Greene-Mercier alles Programmatische, alle Theorien, seien sie noch so gelehrt, jedes System, sei es noch so erfinderisch und geistreich. Daß sie sich nicht zu gut ist, manchmal zur Abwechslung und Entspannung auch auf die Natur, auf Blätter, Blumen, Früchte zurückzugreifen, davon zeugen ihre kleinen zusammengeschweißten Arbeiten von 1967. Ähnliche Gründe mögen sie bewogen haben, einige ihrer Plastiken aus Bronze, Stahl und Sperrholz mehrfarbig zu bemalen. Verwendet sie Farbe nur, um die Strenge bestimmter Arbeiten zu neutralisieren oder um bestimmte, sonst nicht kontrollierbare Lichtveränderungen zu vermeiden, wie es Laurens und Archipenko taten? Wahrscheinlich trifft beides zu. Im Laufe ihrer künstlerischen Laufbahn fühlte sie sich auch zu anderen, der Bildhauerei verwandten Gebieten, zur Malerei, Zeichnung und Graphik hingezogen. Diese Neigung fand ihren Niederschlag in einer Reihe von Collagen und Reliefs, entstanden seit 1946[7], wie auch in der Publikation dreier kleiner Bände von je 100 Zeichnungen in Triest.

IX

Ich habe hier versucht, die Skulpturen von Greene-Mercier im Rahmen moderner Bildhauerkunst zu definieren, und zwar in erster Linie in ihrer Beziehung zu amerikanischer und europäischer Bildhauerei, in zweiter Linie in ihrem Verhältnis zu den Hauptrichtungen zeitgenössischer Bildhauerei überhaupt. Ich war der Auffassung, daß eine solche Gegenüberstellung ein klares Licht auf die Eigenschaften dieser beachtenswerten Persönlichkeit werfen und eine Vorstellung von ihrer künstlerischen Entwicklung bei aller Vielfältigkeit der Werke geben könnte. Statt eines Anzeichens von Unsicherheit und Unbeständigkeit ist diese Vielfalt Ausdruck eines stark ausgeprägten Charakters, eines zähen Durchhaltevermögens, in dessen Rahmen das Ungewöhnliche eine plötzliche Richtungsänderung, ja, sogar das Widersprüchliche, wie man es oft unter erfinderischen Menschen und unter Forschern findet, durchaus zulässig ist.

Dieses Werk ist ein Werk der Vielfalt und Überraschung, in welchem jedoch der Zusammenhang durch eine Inspiration gewahrt bleibt, die ihren Ursprung nicht im Romantischen oder Barocken hat und deren Anstöße noch weniger in den Schriften über das Unbewußte und den Surrealismus zu suchen sind. Ihr ist nichts ferner als Formalismus, Rhetorik und Beredsamkeit. Selbst in ihren monumentalen Plastiken vermeidet sie übermäßigen Nachdruck, übertriebenen Ausdruck. Das Chicagoer Bauhaus, dem sie einige Zeit angehörte, prägte sie stark. Im Gegensatz zu vielen ihrer Zeitgenossen ist sie nicht vom Ehrgeiz besessen, die Schrecknisse des Lebens oder die Zukunftsängste in verzerrten, verkrampften Formen festzuhalten. Sie zieht Strenge und kraftvollen Ausdruck einer dramatischen Überspanntheit und der Laune eines zur Zeit verbreiteten Ästhetizismus vor. Es macht ihr Freude, der Herbheit, Knappheit und Präzision ihrer Werke einen phantasievollen und manchmal auch humoristischen Einfall beizufügen; nicht, um ihnen einen pittoresken oder preziösen Anstrich zu geben, sondern einen Ausdruck heiterer Grazie und Zartheit hervorzurufen und ihnen jene höchste Vornehmheit zu verleihen, die in vollendeter Einfachheit besteht. Welchem Kanon, welchen Maßstäben Greene-Mercier sich auch zuwenden mag, sie weigert sich doch stets, sich ihnen sklavisch zu unterwerfen. Sie ist sich bewußt, daß Freiheit nicht Freude an Ungezwungenheit und Leichtigkeit ist, sondern eine ständige Herausforderung bedeutet.

Inmitten der großen Schwierigkeiten unserer Zeit bringt sie uns Vitalität aus der Neuen Welt und Erfahrungsreichtum aus der Alten Welt, ständig der Verlockung ihrer Vorstellungskraft folgend, immer auf der Suche nach einer letzten, gültigen Synthese ihrer Kunst.

Übersetzt von Gudrun Weber

* * *

NOTES

1. KOESTLER, Arthur. *Face au Néant.* Paris, Calman-Levy, 1975.

   The Heel of Achilles. New-York, Random House, 1975. p. 123.

2. FOCILLON, Henri. *Vie des Formes.* Paris, Ernest Leroux, 1934. p. 13.

3. FRANCASTEL, Pierre. *Peinture et Société.* Lyon, Audin Éditeur, 1951.

4. BACHELARD, Gaston. *La Poétique de l'Espace.* Paris, Presses Universitaires de France, 1958.

5. MUSSA, Italo. *Monografia: Marie Zoe Greene-Mercier.* Rome, Sifra Éditrice. (tav. 5, fig. 1,2)

6. *Oeuvres Poétiques Complètes de Charles Péguy.* Paris, Éditions Gallimard, 1957. «Eve», p. 1042.

7. ENGELBRECHT, Lloyd C. «The Polyplane Collages of Marie Zoe Greene-Mercier», *Art International,* Lugano, Vol. XXII, spring, 1978.

BIBLIOGRAPHIE SOMMAIRE

Art Institute of Chicago Quarterly, The. 15 Septembre, 1955.

BENEZIT, E. *Dictionnaire des Peintres, Sculpteurs, Dessinateurs et Graveurs.* Paris, Gründ, 1976.

BETTINGER, Sven Claude. «Der Tradition des Bauhauses Verpflichet.» *Saarbrucher Zeitung,* 21 Septembre 1974. (repr.)

BLACKSHEAR, Kathleen. *The Bulletin of the Art Institute of Chicago,* Décembre, 1947.

BOVI, Arturo. *Il Messagero,* Rome, 30 Mai, 1966.

Catalogo Internazionale di Arte Contemporanea. Torino, Bolaffi Éditore, 1972.

Die Welt, Berlin Ouest. «Plastiken und Collagen...», 22 Avril, 1977 (repr.).

ELGAR, Frank. *Carrefour,* Paris, 19 juin, 1963; 5 Mai, 1965; 29 Juin, 1966; Mai, 1975 (repr.); 31 Mars, 1977 (repr.).

ENGELBRECHT, Lloyd C. «Moholy à Chicago», *Laszlo Moholy-Nagy,* Centre de création Industrielle, Centre George Pompidou, Paris, 1976, p. 151.

«The Polyplane Collages of Marie Zoe Greene-Mercier». *Art International,* Lugano, Vol XXII, spring, 1978 (reprs.).

FORWALTER, John. «Marie Zoe Greene-Mercier», *Hyde Park Herald,* Chicago, 1 Septembre, 1976. (repr.).

FREUDENHEIM, Milt. «Chicago in Paris», *Chicago Daily News,* 2 Juin, 1973 (repr.).

«Second Paris Show on Chicago», *Chicago Daly News,* 7 Décembre, 1976.

GREENE-MERCIER, Marie Zoe. *For Children: the Exhibition of Masterpieces of Italian Art lent by the Italian Government.* Department of Education, The Art Institute of Chicago, 1939.

Gallery Book for Children: Twelve Paintings and Related Works of Art in the Collections of the Art Institute of Chicago. 1940.

Bulletin of the Chicago Chapter, Artists Equity Association, Washington, D.C. (mensuel), collection intégrale, Ryerson Library, Art Institute of Chicago, 1957-59.

Trieste, 101 Disegni, 1969; *Venezia, 101 Disegni* avec une préface de Guido Perocco; *Salzburg, 101 Zeichnungen* avec une préface de Max Kaindl-Höning, 1970. Edizion Libreria Internazionale Italo Svevo, Trieste.

HAYDON, Harold. *Chicago Sun Times,* 9 Avril, 1967; 11 Juin, 1967; 18 Juin, 1967; 10 Septembre, 1967 etc.

«Chicago Women in Europe». *Chicago Sun Times,* 30 Septembre, 1973.

«It's Time to Honor Marie Zoe». *Chicago Sun Times,* 7 Mars, 1976.

KANEMEIER, Rudolf H. «Marie Zoe Greene-Mercier arbeitet monumental». *Rheinis-*

che Post, Dusseldorf. 11 Octobre, 1972 (repr.).

La Femme dans l'Art Contemporain, Édition Christian Hals, Monaco, 1973.

LEVISETTI, Katherine. «Sculpture that Enhances the Architecture around it». *Chicago Today,* 1 Mars, 1974 (repr.).

LIPCHITZ, Jacques. «Marie Zoe Greene-Mercier: Sculpture», *Quaderni della Galleria Santo Stefano,* Venise, 1968.

MOHOLY-NAGY, Laszlo. *The New Vision,* New-York, W.W. Norton, 1938 (repr. 105 a).

The New Vision, 4th revised edition, New-York, George Wittenborn, 1974. (repr. p. 44).

MUSSA, Italo. *Monografia: Marie Zoe Greene-Mercier,* Rome, Sifra Editrice, 1968. traduction Anglaise de Eugene Walter. (Contient bibliographie intégrale de revues et journaux jusqu'à 1968).

OHFF, Heinz. «Ein Nachklang vom Bauhaus» *Der Tagesspiegel,* 13 Avril, 1977.

OVRESAT, Raymond C. *Chicago Chapter Bulletin,* the American Institute of Architects, Washington D.C., Juillet, 1957 (repr.).

PEROCCO, Guido. «Marie Zoe Greene - Mercier», *Le Arti,* Milano, Juin, 1970.

REDSTONE, Louis G., FAIA. *Art in Public Places.* McGraw-Hill Book Co., New York. (à paraître)

REY, M. «Marie Zoe Greene-Mercier», catalogue, Galerie de la Main de Fer, Perpignan. Octobre, 1971.
Le Arti, Milano, Juin, 1972 (repr.).

ROOD, John. *Sculpture with a Torch,* University of Minnesota Press, Minneapolis, 1963 (repr. p. 91).

SWEET, Frederick A. «Collage», catalogue, Galerie Westwinds, Duxbury, Mass. 1951

TANGUMA, Marta. «Come Nace, se desarrolla y se realiza una obra d'arte.» *El Sol de Mexico,* Mexico D.F. 1 Octobre, 1973 (reprs.).

WARNOD, Jeanne. *Le Figaro,* Paris, 6 juin, 1963; 31 Mars 1977.

WELLER, Allen S. *The Art Digest,* New-York 22 Juin, 1952.

WINGLER, Hans M. «Marie Zoe Greene-Mercier», catalogue, Amerika Haus, Berlin Ouest, 1977.
with Lloyd C. Engelbrecht and Peter Hahn. *The Bauhaus in America : the Chicago Bauhaus movement.* The MIT Press, Cambridge, Mass. (à paraître).

Who's Who in American Art. American Federation of Arts, New-York, 1957 —.

Who's Who in the World. Marquis, Chicago, 1970 —.

COLLECTION DIRIGÉE PAR PHILIPPE FELSENHARDT

PHOTOGRAPHIES : EN COULEUR.

4, Atsuo Kobayashi, Paris.

PHOTOGRAPHIES : EN NOIR ET BLANC.

46 Kemal Arisoy, Istanbul; 12, 13, 15, 50, Louise Barker, Chicago; 9, 27, Boccardi, Rome; 25, 31, 37, 49, J. Bottin, Paris; 3, Mike Conway, Francfort; 45, Ellinger, Salzbourg; 42, Feruzzi, Venise; 22, Vories Fisher, Chicago; 20, Reinhard Friedrich, Berlin Ouest; 43, Giornalfoto, Trieste; 1, Richard Greene, Chicago; 19, Steven Greene, Sudbury, Mass.; 6,32,33, 34, 35, 36, Roger Hammond, Chicago; 24, Tetsuo Harada, Paris; 48, l'Indépendant, Perpignan; 30, 40, Henry Kakehashi, Chicago; 38, Ingeborg Lammatzsch, Berlin Ouest; 7, Max, Venise; 5, Alain Oguse, Paris; 8, Publifoto, Milan; 11, 29, 39, Oscar Savio, Rome; 21, Robert Sbarge, Chicago; 2, R. Tabarié, Perpignan; 14, 28, Egons Tomsons, Chicago.

I. S. B. N.
2-85219-000-1

© 1978, TOUS DROITS DE REPRODUCTION ALL RIGHTS RESERVED MARIE ZOE GREENE-MERCIER,

PRINTED IN FRANCE :
MUSÉE DE POCHE, 122 Bd. RASPAIL, PARIS, 75006.
IN U.S.A. : WRITE TO INTERNATIONAL BOOK Co., 332 So. MICHIGAN Ave., CHICAGO, ILLINOIS, 60604.

IMPRIMÉ PAR
J.B.G. S.A.R.L.
75008 PARIS
DEPOT LÉGAL 1er TRI. 1978